VORWORT:

DIESER GEDICHTBAND STAMMT AUS
MEINER TEXTSAMMLUNG DIE ENTSTAND
AUF MEINEM WEG ZU MIR SELBST UND WIE
ICH SEIN MÖCHTE

DURCH DAS SCHREIBEN KONNTE ICH
VIELES VERARBEITEN UND BESSER
KLARKOMMEN MIT MIR UND DER WELT WIE
SIE IST

SIE SIND ÜBER JAHRE ENTSTANDEN,
DURCH SIE KAM ICH IMMER NÄHER ZU
MEINEM WAHREN ICH

DA BEI MIR EINE PSYCHOSE
DIAGNOSTIZIERT WURDE KONNTE ICH MICH
DURCH DIE TEXTE *GESUNDSCHREIBEN*

DIE TEXTE SOLLEN EINEN EINBLICK IN DIE
WELT EINES *VER-RÜCKTEN* GEBEN

FÜR DIE *NORMALEN* EINE NEUE
SICHTWEISE ERÖFFNEN UND ALLEN
FREAKS ZEIGEN, DASS SIE NICHT ALLEINE
SIND MIT IHREN GEDANKEN

ANGEHÖRIGE VON MENSCHEN MIT
PSYCHISCHEN PROBLEMEN BEKOMMEN SO
VIELLEICHT MEHR VERSTÄNDNIS FÜR DIE
MANCHMAL WIRREN GEDANKEN VON UNS
PSYCHOPATIENTEN

Warnhinweis:

Texte können etwaige Verwirrung, neue Gedankenstrukturen und Selbstständiges Denken, beim unerfahrenen naiven Leser

Des Weiteren wurde über plötzliche, teilweise recht starken, Bewusstseinserweiterungen, dem Erkennen von Wahrheiten und dem festen Glauben Verschwörungstheorien berichtet

Bitte lesen Sie Bewusst

Cosmo meint – „Er ist nur für DAS VERANTORTLICH was er schreibt, nicht für DAS WAS DU VERSTEHST, OKAY?" 😉 Kombiniere, kombiniere – Jetzt bist Du gefragt! ! !

DARF DIE ETWAS ANDERE REISE
BEGINNEN?????

BIST DU BEREIT

VIEL SPASS AUF DEM WEG DURCH MEINE
GEDANKENWELT

BIST DU WIRKLICH BEREIT????????

→

LET´S GO

IMPRESSUM

Texte: © 2018 - Copyright by Cosmo-Jim

Umschlag: © 2018 - Copyright by Cosmo-Jim

Herstellung und Verlag: BoD- Books on Demand, Norderstedt

ISBN: 9783744885126

Adresse:

Books on Demand GmbH
In de Tarpen 42
22848 Norderstedt
Deutschland

Kontakt

Sie erreichen unseren Kundenservice montags bis freitags von 9:00 bis 17:00 Uhr.

Tel. Zentrale: +49 40 – 53 43 35-0
Tel. Autorenberatung: +49 40 – 53 43 35-11
Tel. Verlagsberatung: +49 40 – 53 43 35-18
Fax +49 40 – 53 43 35-84
info@bod.de (Verlag), autor@cosmo-jim.de (Autor)
www.bod.de

Geschäftsführung: Dr. Gerd Robertz, Yogesh Torani
Redaktion: Iris Kirberg
Programmierung: ISA GmbH, Tania Frevert, Weikatec GmbH, Books on Demand GmbH

Mitglied im Börsenverein des Deutschen Buchhandels e.V.
Verkehrsnummer: 11 507
Teilnehmer am BAG-Abrechnungsverfahren
Umsatzsteuer-ID-Nummer: DE 212971392
Handelsregister: Amtsgericht Kiel HRB 4551 NO

Die Europäische Kommission stellt
unter http://ec.europa.eu/consumers/odr/ eine Plattform zur

Online-Streitbeilegung (OS) bereit. Die Books on Demand GmbH ist jedoch nicht verpflichtet und nicht bereit, an Streitbeilegungsverfahren vor einer
Verbraucherschlichtungsstelle teilzunehmen.

Unserer Umwelt zuliebe drucken wir Ihre Bücher auf FSC® (Lizenzcode: C105338)-zertifiziertem Papier. Das heißt, dass wir für alle über BoD produzierten Bücher (ob Hardcover, Paperbacks, Ringbücher oder Booklets) ausschließlich Papiere einsetzen, die vom FSC zertifiziert wurden und somit aus einer verantwortungsvollen Forstwirtschaft stammen.
Das FSC®-Logo wird durch BoD auf der vierten Buchseite oben mittig in alle neu angelegten Bücher eingedruckt. Bitte halten Sie nach Möglichkeit diesen Platz frei.

INHALTSVERZEICHNIS

TUE WAS DU FÜR RICHTIG HÄLTST

Wenn du nicht weiterweißt,

Weder ein noch aus,

Hör auf dein Herz

Tue was du für richtig hältst

Du zweifelst, traust dir nichts zu,

Doch steh zu dem was du willst

Hör auf dein herz

Tue was du für richtig hältst

Hast Angst vor dem was kommt,

Dein Gefühl sagt dir los trau dich

Hör auf dein Herz

Tue was du für richtig hältst

Gesellschaftliche zwänge beengen dich,

Willst nichts falsch machen,

Hör auf dein Herz

Tue was du für richtig hältst

Wirst dazu gebracht dich zu biegen,

Darfst nicht machen wonach dir trachtet,

Hör auf dein Herz

Tue was du für richtig hältst

Alle warnen dich geben dir Ratschläge,
Doch du spürst was du zu machen hast
Hör auf dein Herz
Tue was du für richtig hältst

Gehst deinen Weg geradeaus,
Der Wind schlägt in dein Gesicht,
Hör auf dein Herz
Tue was du für richtig hältst

Hab Geduld denn alles geht vorbei,
Es flaut ab und du stehst noch
Hör auf dein Herz
Tue was du für richtig hältst

Steh zu dir und deinem Handeln,
Vertrau deinen Entscheidungen,
Hör auf dein Herz
Tue was du für richtig hältst

Lern aus vergangenen Zeiten,
Dein Handeln immer richtig,
Hör auf dein Herz
Tue was du für richtig hältst

Deine Handlungen nie in böser Absicht,

Du triffst die richtige Wahl,

Hör auf dein Herz

Tue was du für richtig hältst

Vertrau deinen ersten Impulsen,

Deine Intuition zeigt dir den Weg,

Hör auf dein Herz

Tue was du für richtig hältst

Drum steh immer zu dir dann kommst du an,

Selbsterfahrung - lerne dich lieben

Hör auf dein Herz

Tue was du für richtig hältst

Das ist gut für deine Seele,

Und du wirst deinen Weg verstehen

Hör auf dein Herz

Tue was du für richtig hältst

Wenn's gut läuft begegnest du dem,

Was dich wirklich ausmacht

Hör auf dein Herz

Tue was du für richtig hältst

Wir leben um zu lernen,

Jeder Augenblick gibt uns die Chance

Hör auf dein Herz

Tue was du für richtig hältst

Erwache und erlebe deinen Weg,

Du kannst draus lernen

Hör auf dein Herz

Tue was du für richtig hältst

Das Leben stößt dich immer wieder an,

Lenkt dich zurück Richtung Ziel

Hör auf dein Herz

Tue was du für richtig hältst

Sehe das Leben als Lehrer,

Du befindest dich in der schule des Lebens

Hör auf dein Herz

Tue was du für richtig hältst

Du bestimmst deinen weg,

Bist verantwortlich für all deine Erlebnisse

Hör auf dein Herz

Tue was du für richtig hältst

Bist so viel mehr als du ahnst,

Schöpfer Schöpfung und Geschöpf

Hör auf dein Herz

Tue was du für richtig hältst

Vereint durch dich,

Hab vertrauen das alles richtig

Hör auf dein Herz

Tue was du für richtig hältst

Hab vertrauen in dein höheres selbst,

Es ist immer für dich da

Hör auf dein Herz

Tue was du für richtig hältst

Lern für dich einzustehen,

Keiner kennt dich wie du selbst

Hör auf Dein Herz

Tue was du für richtig hältst

Lass dir nichts vorschreiben,

Du weißt es besser denn Du

Hörst auf Dein Herz und

Tust das was richtig ist

REISE

Ich befinde mich auf einer Reise
Eine Reise wohin sie auch führt
Ich bin´s dem die Ehre gebührt
Egal auf welche Weise

Nahm sie an die Aufgaben des Lebens
Sehe es als eine Art Schule
In der wir uns unser Wissen nehmen
Und entwickeln unsere eigene Muße

Die Aufgaben meistens irgendwie machbar
Kommt alles zur rechten Zeit
Wenn auch nicht immer ganz fassbar
Jeder von uns ist von oben geweiht

Spielen unsre Rolle für das größere ganze
Bekommen immer die richtigen Informationen
Egal was es ist denk mal das kannst du
Setz Gehirn und Herz ein in Kombination

Dann kannst du Dinge erleben
Für dich noch nicht vorstellbar
Besser für dich deinen Richtern vergeben
Dann werden deine Träume wahr

Kehre vor deiner eignen Tür
Komm für dich ins reine
Es ist Glück das folgt für die kür
Das kommt in dein Heime

Lass dich positiv durchfluten
Spül das schlechte einfach weg
Beginnst innerlich zu bluten
Glaub dran alles dein Weg

Geh dadurch dann heilen deine Wunden
Kommen gestärkt aus Herausforderung hervor
Lern aus deinen vergangenen Stunden
Deine Geschichte bringt antworten hervor

Fang an das Leben zu leben zu genießen
In dir der Schlüssel deiner ungelösten Fragen
Lass dein Glück nicht von andren vermiesen
Es ist ihr inneres was all die Neider Plagen

SIMPLIFY

Simplify es wird alles vereinfacht

Erleichtern wir unser leben

Lang genug alles verkompliziert

Lass dein Programm neu kompilieren

Richte es aus auf die neue Welt

Lass uns entdecken was wirklich ist

Die alte Version

Voll mit Bugs und auf lügen aufgebaut

Fangen wir jetzt an bei null

Erschaffen Säulen fundiert auf Wahrheit

Sie bilden das Fundament für Klarheit

Freiheit für jeden Freigeist

Sind schon viel zu oft gescheitert

Bei den bisherigen versuchen was zu ändern

Zu viele klebten fest an alten Dogmen

Scheiternde Revolutionen bereits vor beginn

Wagen wir jetzt den Neubeginn
Gibt's diesmal kein zurück
Lassen wir uns nicht mehr aufhalten
Die Zeichen der Zeit stehen mehr als gut

Es wird höchste Zeit das Ruder in die Hand zu nehmen
Und die Richtung zu ändern
Sonst können wir es bald nicht mehr ändern
Fleht die alte Welt friedlich zu Grabe getragen zu werden

Sie ist müde von all den kämpfen
Und unseren eigenen Beschränkungen
Denen wir freiwillig erliegen
Halten ihre Lügen für real feststehende Wirklichkeiten

Doch spüren wir, dass das nur lug
Haben schon so viel erlebt was dem widerspricht
Halten diese Erfahrungen für Spinnereien unseres Geistes
Falsch lass uns, uns lieber von begeistern

Komm wir trauen uns, nicht irgendwelchen Obrigkeiten
Komm lass uns unsere Zweifel loslassen
Wir sind nicht geisteskrank
Die alte Gesellschaft war schuld das wir das dachten

Sie lässt uns glauben das alles erklärbar
Das alles so ist wie es ist und nicht mehr
Geistige Welten - nein sowas gibt's doch nicht
Haben es geschafft, dass wir Wahrheit für lüge halten

Dafür den Lügen glauben, na vielen dank
Doch egal wieviel Gegenwind auch kommen mag
Diesmal gibt's kein zurück
Nur ein Zurück nach vorn

Los wir verrücken die norm
Gleichen sie an - an das was wirklich ist
Dann wird die Blase platzen
Und die Menschheit desillusioniert

Bewusstseinssprung angekündigt vor mehreren hundert Jahren
2012 los bitte sei jetzt - es wird zeit
zu viele gute, gingen schon vor die Hunde
Erstickt - in den Fängen des Systems

Das Lügenkonstrukt gut durchdacht und eng gewebt
Steht man, wenn man aufwacht, vor einer mauer
Gebaut auf lügen die als Wahrheit proklamiert
Und von klein auf tief, ins Bewusstsein eingepflanzt

So dass sie jeder glaubt und ihnen folgt

Die Mauer so Groß und hoch das keiner es so leicht kapiert

Lässt sich das ganze Ausmaß kaum geistig erfassen

Es wirkt ja auch zu krass um wahr zu sein

Man wird ergriffen von Ohnmacht fühlt sich hilflos und klein

Was soll ich denn schon dagegen tun

Ausrede die jetzt nicht mehr gilt

Rausreden zählt nicht mehr

Wir sind mächtige geistige wesen

Es ist so viel mehr was in uns steckt

Drum forsche nach deinem wahren sein

Kann nicht sein was als ultimative Wahrheit propagieren alles Lüge

Veränderung sie beginnt bei dir

Manifestiert sie sich im globalen wir

Jeder trägt seinen Teil bei

Egal wie klein deine Veränderung auch ist

Auch ein kleiner stein schlägt Wellen im Wasser

Können es nicht abschätzen wie es wirkt aufs Große ganze

Wertschätze die Göttlichkeit in dir

Und komm ganz an im hier

Jeder Moment bietet die Möglichkeit des Wandels
Entscheiden wir uns in die neue Welt einzutreten
Der freie Wille sehr mächtig
Entscheide dich und du wirst erlöst von deinen Qualen

Blühen wir auf in einer neuen Welt
In der der Mensch, nicht Geld im Mittelpunkt steht
Erschaffen wir eine Welt die erstrebenswert ist
In der es seinen Bewohnern gut geht – warum nicht?

Wo an keinen Händen Blut klebt
Die geistigen Gesetze treten in den Mittelpunkt
Es wird schwer die Altlasten zu neutralisieren
Viel zu lang gaben wir alle zu viel Energie hinein

Haben es fast geschafft unseren Planeten zu zerstören
Wäre er fast vor Negativ Energie geplatzt
Bitten wir die Engel uns bei der Reinigung zu unterstützen
Sie werden sich freuen uns zu helfen

Haben schon lange auf unsere Freigabe gewartet
Erst jetzt können sie unterstützen
Stehen wir gemeinsam auf
Lassen uns nicht mehr unterdrücken

Die uns dazu brachten müssen sich jetzt bücken
Versteckt euch besser - der Tag der Abrechnung kommt
Fair, wäre eine harte strafe
Zeigt ihr Demut und bereut, so wird euch vergeben

Erkennt wir sind nicht wie ihr... wir verzeihen
Auch wenn's bei manchen schwer
Zuviel Leid habt ihr der Gemeinschaft aufgedrückt
Jahrhunderte lang auf Kosten der anderen gelebt, sie unterdrückt

Habt Menschen ausgesaugt ohne Rücksicht
Damit ist jetzt Schluss
Wofür sollte es auch gut sein
Nur ein Arschloch ergötzt sich am Leid anderer

Komm wir handeln jetzt anders
Hinterfragen jetzt alles
Jeder hat seine eigene Wahrheit - lernt sie kennen
Man muss sie suchen, dann wird man hingeführt

Entdeckungsreise - es ist wie in der Schule
Lernen jeden Tag neue Dinge die uns reifen lassen
Befreien von Tag zu Tag immer mehr unseren Geist
Wachstum es geht immer schneller

Doch wir handeln im Einklang

Alles wird irgendwie geregelt

Von unseren unsichtbaren Lehrern

Jeder hat seinen eigenen Weg – doch gehen wir gemeinsam

Sind so niemals einsam gleichsam allein

Entdecken die Verbundenheit mit allem was ist

Die Illusion des getrennt seins verloren

Neugeboren in eine neue Realität

Die endlich stimmiger ist mit der Wirklichkeit

Das spüren wir in unserem innersten kern

Das Gefühl der ohnmächtigen Machtlosigkeit verfliegt

Die Lücke in unserem Herzen endlich gefüllt

Fühlen uns endlich komplett

Endlich auf dem richtigen weg

Lass keine Zweifel an deinem Kurs zu

Du bekommst genug beweise das du richtig bist

Geh aufrecht den Weg dessen Ende und Anfang alles neuen bei dir

Erfahre Glückseligkeit - die hat jeder verdient

Warum sollten wir leiden, das kann doch keiner leiden

Fokussier dich aufs Gute und Positive

Alles ergibt dann einen sinn

Verstehen wir wofür unsere bisherige reise gut war

Wir merken das wir jedes Ereignis entschieden haben zu erfahren

Es war unsere Entscheidung, vor unserer Ankunft

Du bist die Quelle Deines Lebens

Bist Schöpfer Schöpfung und Geschöpf vereint

Vertrau dem Weg den du beschreitest

Irgendwann wird alles klar

Die Zeit der wirklich werdenden Prophezeiungen hat begonnen

Wir sind mitten dabei

Es ist Zeit der Veränderung

Sieh es ist schon Morgendämmerung

History in the made

Let the food times roll

Ich Channel mein Überich

Das hat bessere Übersicht

Texte aus dem Unbewussten

Drängen in die Realität

Wollen gehört werden

Zu lang haben sie gewartet

Fühlten sich fast schon verraten

Ich gerate in Freudentaumel

Plagten sie mein Inneres

Der Gegenwind verringert sich

Und ich Erinnere mich

An die Weisheiten die ich einst lernte

Drängen Erfahrungen ins Außen zu gelangen

Will jetzt ernten die Saat die ich einst sähte

Langsam darf ich's

Hab sie fast schon überreifen lassen

Heute kann ich drüber lachen

Wie sehr ich mich verwehrte

Meine Wahrheiten zu akzeptieren

Würde ich sie heute am liebsten Patentieren

Lass mir höchstens noch Klarheit attestieren
Und nicht mehr von Diagnosen kastrieren
Will die Realität forcieren
Wenn auch nur subjektiv

Beginn ich mich zu Fokussieren
Mir egal wie suspekt ich wirke
Geistige Klarheit manifestiert sich
Weisheit besiegt den Wahnsinn

Muss es noch im Außen nachziehen
Psychopathische Herrscher regieren hier
Und das ganz und gar ungeniert
Sie unterdrücken die Menschheit

Eindeutiger Verstoß gegen Menschenrechte
Es beginnt der Vorstoß der Menschenrechtler
Los wir verändern die Welt
Ohne tote beklagen zu müssen

Müssen doch nur die herrschende Elite kassieren
Müssen nicht mit militärischen Massen marschieren
Es geht auch anders
Die Lügen der Welt werden jetzt demaskiert

Komm wir erschaffen eine neue Gesellschaft
Indem wir uns auf das gute konzentrieren
Der Wandel ist eingeleitet und unaufhaltsam
Unser Bewusstsein wird weiter und weiter

Und heiter geht die Welt zugrunde
Verabschieden uns
Es war uns eine ehre
Doch einige verwehren sich klammern sich an die alte

Seit bereit sie zu verteidigen?
Wirklich? Doch welchen Preis seid ihr bereit zu zahlen?
Wieviel Gewalt müssen wir noch ertragen?
Muss erst folgen der Weltkrieg Nr. 3

Oder sind wir endlich bereit für Weltfrieden den 1.
Es wird Zeit das die Menschheit begreift
So kann's nicht weitergehen
So gibt's kein weiterleben

Die alte Welt geht unter
Unsre Pflicht eine neue zu erschaffen
Die anstelle der alten treten kann
Beten dann das sich alternativen realisieren

Müssen aufpassen und passend reagieren

Auf, lasst uns unsre Fantasien manifestieren

Der Breaking Point ist da

Wir entscheiden die Richtung

Los wir steuern auf die lichte Lichtung

Ignorieren die Missgunst der schlafenden Masse

Sie werden noch folgen auch wenn's bei manchem noch dauert

Lauert weiter auf die Chancen es folgen noch einige

Sonst werdet ihr es bedauern

So lange gewartet zu haben

Wir können höchstens beratend zur Seite stehen

Aufwachen muss jeder für sich selbst

Jeder muss sich seinen eignen Schatten stellen

Schlafende zu erwecken ist nicht leicht

Klar bist du wach aber bist Du wirklich wach?

Schlaftrugend taumelst Du durch die Welt

Dein Ego sagt dir noch du bist ein Held

Der größte der Welt

Es gaukelt dir was vor

Weisheit und Wahnsinn kommen gemeinsam

Wen lässt du rein

Es ist deine Wahl

Du entscheidest über deine Wirklichkeit

Und das hat auch seine Richtigkeit

Es entscheid über Deine Sicherheit

Wähle weiße - es entscheidet, ob Du bist verpeilt

Oder du in Weisheit eintrittst

Jeder erfährt seinen eignen Übergang

Fühl dich nicht übergangen

Es wurde schon oft versucht dich früher zu wecken

Warst bis dato noch nicht bereit

Dann nimm den jetzigen Augenblick um endlich zu erwachen

Betrachten wir das ganze doch mal nüchtern

Wolltest es bis jetzt noch nicht wissen

Wie das Leben wirklich tickt

Beende die Alltags Trance

Nutze es als Chance

Herr über Dein Leben zu werden

Entscheid Dich bewusst dafür

Beginne Dein Leben aktiv zu gestalten

Du bist so viel mehr als nur eine Rand Gestalt
Werde Produzent Deines eignen Films
Der sich nur um Dich dreht
Die Kulisse mehr oder weniger gestellt

Doch den Content bestimmst nur Du
Bist der, der die Erlebnisse steuert
Hast aber bisher nur passiv gehandelt
Nutz jetzt die Chance zur Neu Verhandlung

Lass sie zu die Neu Verwandlung
Entwickle Dich von der Raupe zum Schmetterling
Erkenn Deine wahre Seins-form
Checke Deine Einzigartigkeit

Sie ist ein wahres Geschenk der Götter
Trete ein in das neue Paradigma
Ändere deine Denkmuster
Verbann das negative aus Deinem Kopf

Eine neue Ära bildet sich
Läuft noch parallel zur alten
Parallelwelten - es ist Deine Entscheidung welche Du wählst
Die Menschheit steht an der schwelle

Trau Dich geh den ersten Schritt in Richtung Glück

Verweigerst Dich noch zu sehr

Lass es zu, lass das alte komplett los

Glaub mir am Ende bist Du mehr als froh

Es riskiert zu haben – sei Stolz

Schöne neue Welt entstehe

DESILLUSIONIEREN

Gib mir ein Stift und ein Blatt Papier

Und Geschichten entstehen

Neue Realitäten werden geboren

Ist mein altes ich jetzt komplett gestorben?

Ein neues Bild meines selbst erschaffen

Hoffe, ich werde so akzeptiert

Will mein wahres Sein nicht mehr kaschieren

Lieber erhobenen Hauptes nach vorne marschieren

Ich erfahre das Resultat meiner eignen Gedanken

Durchbreche immer mehr Schranken

Und grenzen verwischen

Ich habe ein reines gewissen

Natürlich manchmal ist alles beschissen

Doch macht man das Beste draus

Sollte immer sehen das es einem gut geht

Ist zwar nicht einfach, manchmal meint das leben es schwer

Und wirft einem einige Steine hin

Meine Seele ist der Reingewinn

Wenn der schmerz besiegt

Und ich Frieden mit mir und meiner Geschichte schließe

Beendest meine inneren kämpfe
Den Teufel in die Schranken gewiesen
Habe ich es mir jetzt endlich bewiesen
Wie stark ich eigentlich bist

Genieße endlich innere ruhe
Und Ausgeglichenheit
Kehrt der Friede in mich
Verdient habe ich ihn schon lang

Und Ich höre den Sound der Stille
Es ist mein Wille der geschieht
Werde ihn mir gewahr
Erkenne was ich wirklich will

Und ich werde ihn erreichen
Kann dem allem nicht immer ausweichen
Irgendwann komme ich ganz an bei mir
Verrate ich mich nie wieder

Stehe ganz zu mir
Viel zu oft mein Wahres sein verleugnet
Habe mich der Allgemeinheit gebeugt
Aber besser jetzt als später bereut

Steh jetzt zu mir und nutz die Chancen
Jeder Augenblick bietet unendliche Möglichkeiten
Unendliche Vielfalt an Wahrscheinlichkeiten
Die alle in Realität in Erscheinung treten möchten

Es manifestiert sich die mir am hilfreichsten ist
An der ich am meisten wachsen kann
Aus derer ich am meisten Nutzen ziehen kann
Doch nutzen musst ich es schon selber

Sonst verstreicht sie wie schon viele zuvor
Ungenutzte Momente ich werde sie noch bereuen
Beteuere auch nicht, „ich wusste von all dem nichts"
Doch muss nur mal für ein paar Sekunden mein Hirn anschalten

Und die ganze Sache logisch analysieren
Es passiert dir nur das was ich in Betracht ziehe
Das was ich für möglich halte kann in mein Leben kommen
Was nicht auf meinem Programm steht hat es schwer

Von mir erlebt zu werden
Deswegen lösche ich alle Apps die mich hindern ich zu sein
Damit schaffst ich Platz für neues
Und befreie dabei noch meinen Geist

Von Altlasten die mich einschränken
Wenn man weiß wie - ist alles so einfach
Hab mich selbst zum Opfer gemacht
Angst beim Verlassen meiner Komfort Zone der schützenden blase

Ich frag mich wieso? Die Welt ist doch schön
Will ich mich nicht daran gewöhnen?
Hänge noch viel zu sehr an meinem Leiden
Wie kann ich sowas nur leiden

Bin viel zu oft am Leiden
Dabei kann ich das nicht leiden
Ist es mir schon nach Stunden zu viel
Suche überall nach einem Ausgang

Auf jeden Fall versuch ich es
Denn ich kann Leiden gar nicht leiden
Finde niemand ist dazu gezwungen
Suhle mich aber darin

Doch ich mach das jetzt anders
Geh eine andere Richtung – raus aus dem Albtraum
Betrete so Neuland
Komisches Gefühl bin da wo noch keiner war

Erhabene Gefühle schütteln mich

Und rütteln mich wach

Hab immer gesehen mein Leid wegzubrennen

Es schnellstmöglich in Rauch aufgehen zu lassen

Um das negative schnell von mir weg zu bekommen

Fühl mich was benommen zurück in der neuen Welt

Hier fühl ich mich wohl

Und siehe da, wir werden hier immer mehr

Bald beginnt die Gegenwehr

In 24 h ändern wir das game

Neustart über Nacht

Und objektive Aufklärungsarbeit

Integrieren neue Wirtschaftssysteme die die alten ersetzen

Es wird zwar viele entsetzen aber habt vertrauen

Die Tyrannei und Versklavung werden bald enden

Und die Wahrheit wird auf jeden Kanal gesendet

Tag X ist im Anmarsch - Keiner hält ihn mehr auf

Und die Menschheit neugeboren in neues Bewusstsein

wie auf Droge doch ganz ohne

Spüren wir Freiheit und Verbundenheit wie noch nie zuvor

Versuchen offenen Ohrs und Auges - wach durch die Welt zu gehen

Versetzen unser sein ins Kleinkind

Los lass uns versuchen alles neu zu erkunden

Lasst uns die inneren Wahrnehmungsfilter neu justieren

Meinen zwar über dem zu Stehen

Fliehen so lang es noch geht denn der Platz wird immer knapper

Lassen los was an was wir uns einst krallten

Sonst werden wir wohl nie desillusioniert

GESUNDSCHREIBEN – MICH UND DIE WELT

Die Ärzte schrieben mich krank
Hat lang gedauert aber ich schrieb mich wieder gesund
Verwundert es meine Richter
Ich pass nicht in Ihren Trichter

Ich musste lachen wegen den Berichten
Wie sie mich betrachten
Und welch obskure Beweise der Diagnose- Lächerlich
Was soll das sein ne Psychose?

Mal nicht das, was ich hatte
Mir ging's doch gut
Bisschen manisch - ja das war ich wohl
Wenn Shizo - Entsteht in mir die Frage

Wie kann man andre anstecken?
Werde nie legen irgendwelche Brandsätze
Auch wenn ich Grund dazu hätte
Andere täten es jede Wette

Doch hab den Frieden in mir
Innere Welten zu oft im Verborgenen
Ich will meine Hände zum Himmel emporrichten
War bislang immer vorsichtig

Wächst Poe a Poe mein Vertrauen
In mein eigenes Handeln
Es kommt ein Ereignis - Chance zum wandeln
Bin bisher nur in Trance gewandelt

Doch jetzt wach
Zulange um eine Chance gehandelt
Kann sein das ich mich manchmal verschätzt hab
Dafür aber auch entsetzt war

Über den Umgang miteinander
Überall Intrigen und Getratsche
Den würde ich gern mal eine watscheln
Seht in einen Spiegel setzt euch damit auseinander

Nicht immer nur mit anderen
Dann wirds euch bald bewusst
Und als hättet ihr´s nicht gewusst
Jaja sie hören richtig

Die Antwort - ja die bist du
In dir findest Du alles was du brauchst
Da Gibt's einen Schatz für lau
Der dir mehr Reichtum bietet

Als du dir jemals könntest erträumen

Rechte gehören jedem Individuum eingeräumt

Ohne Wenn und Aber und jetzt kein Wort von Faber

Ihr scheiss Bonzen habt uns hierhin gebracht

Alles zu Gunsten eurer Wirtschaft und die eigenen Taschen

Für ein paar wenig Auserwählte

Die müssen dafür nicht mal was tun

Ich hör überall ach komm zur ruh

Doch frag mich manchmal wie noch

Ein Haufen Psychopathen regieren uns

Vor Jahrzehnten Schattenregierungen gebildet

Halten uns dumm immer weniger sind hier gebildet

Lassen sich alle nur noch bebilden

Schlucken lügen ohne ein murren

Oder auch nur ein funken Gehirnaktivität

Bauer sucht Frau

Berlin Tag und Nacht

Das neue Brot

Müssen Sie nur noch für die Spiele sorgen

Dann ist das Volk beschäftigt

Lassen Sie uns sie noch in Ihrem Handeln bekräftigen

Sind uns ständig mit banalem am beschäftigen

Hoffe sie haben sich ihre kleine Pseudoinsel gut befestigen können

Bevor wir kommen

Und bald Gibt's auch bei uns kein entkommen

Wenn ihr weiter so macht muss Strafe folgen

In welcher Form auch immer

Seht ein die 99 sind am Ende der Gewinner

Müssen nur alle aufstehen dann ist das Spiel vorbei

Game Over – Für immer

Dann ist Zahltag, meine Freunde

Karma Schuld bittet zur Kasse hier und jetzt

Lass uns das eine Prozent da oben enteignen

Seht mit welch Waffen sie sich verteidigen

Ihre Existenzberechtigung schon längst erlosch

Aufgrund unmenschlicher boshafter Entscheidungen

Die Schuld so groß keine Chance mehr zum begleichen

Euer ganzes Geld - pfui ekelhaft

Müsste es für euren Scheiterhaufen dienen

Wir haben euch ermächtigt aber eigentlich um uns zu dienen

Um unser Leben zu erleichtern

Freie Demokratie

Realität: 1984- Polizeistaat lässt Grüßen

Wenige würden es nicht Begrüßen

Wenn der Wandel endlich käme

Unser aller Leben würde sich auf einen Schlag extrem versüßen

Liebe als treibende Kraft die Welt durchfluten

Es ist die Pflicht eines jeden einzelnen

In sich zu kehren und den Wandel so anzukurbeln

Dann können wir alle einander zujubeln

Dann kommt die Zeit

Jeder feiert sich selbst Für sein eigenes sein

Dann fällt der ganze Schein

Halten es bisher noch ganz gut geheim

Das da überhaupt ein Schein über dem sein

Die Masse läuft blind durch die Gegend

Nur nicht auffallen heißt die Devise

Ich schrei laut „Leute lässt uns mal was riskiere

Spirituelle aller Länder Vereinigt euch

Kommt zusammen und Einigt euch"

Zusammen wollen wir uns reinigen

Vergeben sogar denen die uns peinigten

Verkörpern Licht und liebe mit all unserm sein

Kommen so immer mehr zu dem der wir wirklich

Können uns endlich mal selbst verwirklichen

Einfach so sein wie man will

Es ist ganz leicht

Müssen nur frei sein von all der Manipulation

Wir sind Zombies der Handy Generation

Endlich haben sie´s geschafft

Die ultimative Manipulation und Ausspähgerät am Mann

Und alle schreien nach mehr und mehr

Immer neuer immer schneller

Die Horde bezahlt auch noch mit ihren teuer verdienten Moneten

Das war's worum sie einst beteten

Um ihre Macht-Herrschaft noch mehr zu festigen

Doch ich sag euch die Zeit läuft ab

Bald aller Sand verronnen

Denn immer mehr durchblicken euer handeln

Nicht mehr lang lassen wir uns so weiter behandeln

Es wird Zeit ab an den grünen Tisch und Alles von neu verhandeln

Wurden unser ganzes Leben lang belogen

Bei unserm Beisein total betrogen

Generationen der Knechtschaft

Wie kommen wir daraus?

Der Umbruch notwendig und unausweichlich

Umstrukturierung des Finanzsystems

Doch wir werden immer begleitet

Höhere Mächte führen und schützen uns

Zu allem noch kommt zum Glück Vernunft

Doch bei all dem Trubel positiv zu bleiben - wahre Kunst

Ich sehe dich und über dir den Dunst

Lass ihn verschwinden, du musst nur wollen

Dann spürst du es auch

Den Ruf der Freiheit

Lang genug haben sie sich bereichert

Jetzt reicht es - lang genug das ihr uns entzweit habt

Denn wir sind alle eins

Alle vernetzt und von Grund auf alle gleich, Empathie

Klärt die Menschheit auf über geistige Gesetze

Gesetze denen das Leben untersteht

Haben es nur vergessen wie konnte das passieren?

Es wird schlimmer und schlimmer ihre Show

Erzeugen Völkerhass und schüren Angst

Ohne Skrupel schlimmer als die fiesesten Gangster

Das Leben heute - schlechter Blockbuster

Naja vielleicht entschädigt uns das übliche happy end

Kennt man ja, oder?

Aber - das ist doch das wirkliche Leben

Und wer will denn so leben

Lohnt sich ja immer weniger

Unser Alltag ist immer weniger lebenswert

Schade... Wohnen doch auf solch wundervollen Planeten

Ich wünsch mich in den Garten Eden

heaven is a place on earth

Los entwickeln wir große Visionen für eine bessere Welt

Es bedarf kein Held

Jeder einzelne ist der Held

Muss durch seine eigne Revolution des Verstandes

Jeder erlebt es anders

Aber der Bewusstseinssprung wird kommen
So ist der Lauf der Evolution
Es geht immer weiter
Sind noch lang nicht am Ende der Entwicklung

Nutzen grad mal 10% unseres Hirns - wie peinlich
Wenn man sich umsieht scheint die Zahl noch hochgegriffen
Bei all den hypnotisierten hohlen Affen
Die schlafwandelnd ihr Leben verpassen

Dabei noch meinen Sie wären es
Das sind die besten
Hören sie sich gerne reden
Lassen Sie sich auch nicht bewegen entkoppelt zu werden

Diskussionen mit ihnen wertlos
Zu sehr sind sie verblendet
Glauben Sie all die Lügen die ihnen präsentiert
Ohne auch nur auf die Idee zu kommen zu hinterfragen

Vegetieren Sie dahin Angesichts Ihren wahren Potentiales
Ich hoff ihnen kommen Erkenntnisse die genial sind
Auf das sie aufwachen und mit dabei sind beim erschaffen
Also worauf warten? - Aufwachen

Es ist jetzt die Zeit der Transformation
Es ändert sich unser ganzes Sein
Verblassen der Schein und die Welt präsentiert sich
Sie ist wie sie ist Unendlichkeit In allen Belangen

Unser aller Mutter die uns leben schenkt
Die uns liebt so wie wir sind bedingungslos
Ohne sie – Kein wir
Treten ihr jeden Tag dafür in den Arsch

Indem wir drauf scheißen
Sollte uns Magenschmerzen bereiten aber wayn
Wir essen Sachen die kaum noch Nahrung
Erforschen, spiele wie es ist Er zu sein

Spielen Gott pfuschen in die Schöpfung rein
‚Monspastos' – Ich Kotz Gülle
Will nicht wissen wie weit Sie bei Menschen sind
Ihr kranken Schweine bekommt nicht genug

Bald ist´s aber genug
Ihr habt mehr als genug
Doch wofür? Was nehmt ihr mit?
Am Tag der Abreise lässt du alles hier nichts kommt mit

Nicht mal deine hülle
Wir kommen und gehen nackt
Nehmen nur mit unsren Erinnerungen
Ein Hoch auf ein erfülltes Leben

Das kann einem keiner nehmen
Egal wieviel Cash im Spiel
Und wie immer gilt:
Du hast die Wahl!

YÜAH

Yüah - ich fühl mich geborgen

Und irgendwie, von irgendwem, auserkoren

Wie ganz frisch geboren

Mein Sperma - gehört alles gefroren

Bin bereit eine Menge zu spenden

Ging schon genug ins Nirvana

Das Blatt wird sich wenden

Glaubst Du, dass du hier wirklich klarkommst?

Es wird Zeit Ihr Spiel zu beenden

Fast wären - wir dabei verendet

Lasst uns die rücksichtslosen Psychos enthaupten

Die uns hier regieren nichts anderes haben Sie verdient

Doch das wäre zu leicht, das gönn Ich den nicht

Nein ihr werdet leiden

Müsst abgeben, all euer hab und gut

Ich weiß dann kocht eure Wut

Eure größte Angst, wird wirklich

Und ihr bleibt ohne Blitzlicht

Euch gehört alles genommen, keine Rücksicht

Auch wenn Hass ein kleiner Rückschritt

Für die schöne neue Welt
Zeigt endlich Demut
Euer einziger Lohn soll sein, was ihr erbettelt
Das muss genügen und noch eine kleine Sache

Ihr müsst jedem erzählen über Eure Taten
Glaubt mir hier in unserem neuen Sein
Bekommt ihr mehr als genug
Lernt, Ihr sollt Reue empfinden

Und wie man sich mit Seiner Seele verbindet
Seht es an als Fegefeuer an das ihr viele glauben habt lassen
Stücke der Seele ausgerissen
Was habt ihr nur für ein Gewissen

Ich wills echt nicht mehr wissen
Ich habe ein ruhiges Gewissen
Hoffe ihr könnt dies auch noch erlangen
Steigert sich hoffe danach Euer Verlangen

Fakt ist ihr habt verkackt in allen Belangen
Seht euer Weg, Ihr seid in eine Sackgasse gelangt
Am Ende wird keiner Euch danken
Eher hassen, aufgrund all der Schranken

Seit ehrlich sind wir nicht gnädig?

Ihr dürft Leben, das ist mehr als genug

Spielen wir ein Spiel mit Euch

Wir Ihr es mit uns spieltet

Tut gutes sonst gibt´s nix mehr gutes

Ihr Entscheidet, wie gehts weiter

Euer Ziel endlich endgültig Gescheitert

Von Anfang an zum Untergang geweiht

Habt die Menschheit ganz schön entweiht

Jeder hat sich irgendwann entzweit

Doch bald, ja bald schon sind wir bereit

Und dann ist all das hier mehr als nur Worte

Manifestiert sich in Wirklichkeit

Ja das hat dann seine Richtigkeit

Ein Traum wird wahr

Nicht meiner, nein er ist viel, viel älter

Der Ursprung ist Jahrhunderte alt

Traut er sich erstmals ganz zu erscheinen

Und sich von allem zu befreien

Was Ihn bisher Hinderte

Evolution realisiert sich in hoher Geschwindigkeit

Denn alles kommt in Einklang mit einander

Die Verbundenheit mit allem wird spürbar

Und der Traum wird wahr

Noch viel schöner als gedacht

Hat er sich selbst noch viel, viel größer erdacht

Als wir einst Ahnten

Hat er dabei alles bedacht?

Garantiert, denn er stammt aus der Quelle der Quellen

Und er schlägt Hohe wellen

FLÜCHTIGE BEGEGNUNGEN

Sind Flüchtige Begegnungen
Die wahren Segnungen im Alltag
Kurze Momente, laden ein zum verweilen
Doch verlassen sie schnell, weil wir am eilen

Sind doch alle nur Reisende im Chaos
Separiert, wo ist der eine der Vereinende?
Der uns zusammen führt
Wir sind alle eins

Gefangen im Alltagsstress – haben Scheuklappen auf
Nur nicht irgendwo anstoßen
Werden wir im nirgendwo drauf Stoßen
Wonach wir lange suchten

Jeder sucht irgendwo irgendwas
Lasst uns die Synchronizität würdigen
Sie begegnen uns, aus gutem Grund
Alles wird gelenkt

Es gibt keine Zufälle
Und jetzt keine Wutanfälle
Nur weil das nicht mit deinem Weltbild vereinbar
Auch wenn du in einem Segelverein warst

Bist du nix besseres

Komm klar und werfe einen Blick auf die Wirklichkeit

Und ja das hat alles seine Richtigkeit

Jedem wird seine eigne Realität geschenkt

Mach was draus – Entdecke was möglich ist

Und Yeah die neue Welt spricht höfflich, stimmt

Viele müssen noch viel lernen

Umdenken und zulassen was kommt

Und Ich sag nur noch Bruder Shalom

Die Welt auf einmal fromm

Gottesfürchtigkeit statt -losigkeit

Lass den Frohsinn befreien

Ich geh durch die Straßen und sehe

Leere Blicke schauen durch mich durch

Jeder mit seinem eignen Kampf beschäftigt

Als gäbe es kein links kein rechts

Nur das eigne Leid wird gesehen

Ich wäre mal für ein miteinander

Statt nur parallel aneinander vorbei zu leben

Scheint es zwar heute noch unmöglich

Womöglich liegt es an der Gesellschaft und ihren Werten
Hoff inständig das mein Traum nicht nur imaginär
Aber ich halt ihn für machbar
Auf das die Würde wahrhaft unantastbar

Tue Gutes – als Gesetz fundamental
Geistige Gesetze – jeder kennt sie
Jeder untersteht ihnen
Auf – unentwegt Richtung Frieden

LONELY MOMENTS

Die schönsten spirituellen Momente deines Lebens, bist du allein

Sie passieren oft in deinem Innern

Dann gelingt es uns ein Stück uns zu erinnern

An unser wahres Sein

Doch viel zu oft denken wir, nein das kann nicht sein

Und vergessen wieder statt dort weiter zu bohren

Statt unseren Erlebnissen zu trauen und weiter zu forschen

Glauben wir blind, dem was uns die Medien einbläuen

So in uns gefangen, denken wir, „du spinnst doch, alles Einbildung"

Nichts real Beweisbares was bleibt

So kehrst du wieder gefrustet zurück in deine Illusion

Warst zwar desillusioniert doch scheinbar fühlst du dich da wohl

Keine kraft oder zu viel Angst vor dem was da kommen mag

Kriechst lieber zurück in dein Schneckenhaus Gefängnis

Dort ist deine geliebte Komfortzone die du ungern verlässt

Zu oft auf Widerstand gestoßen, wenn du dich zeigst, wie du bist

Hast daraufhin begonnen dich selbst zu geißeln

Statt den anerzogenen glauben in Frage zu stellen

Trau dich, hinterfrage alle

Und verstehe es

Wir wurden unser Leben lang belogen über das was wirklich ist

Haben Dinge anerzogen, die schlichtweg falsch sind

So können Sie uns einfach lenken

Und wir erkennen nicht, wer wir wirklich sind

Schüttle sie ab, mach dich frei von Dogmen

Erschaff Dir dein eigenes Bild der Welt

Ganz so wie es dir gefällt

Erst dann kannst du wahrhaft Frieden in Dir finden

Nimm die Augenklappe ab die dich erblindet

Halte mal das unmögliche für möglich und lass dich verzaubern

Nimm dich als das Wahr was du bist ein geistiges Wesen

Du bist so viel mehr als Norbert Maier oder wie man dich nennt

Namen nur Schall und Rauch darum gebe dein altes Ego-Ich auf

Spüre dein wahres Multidimensionale sein

Die neue Ära beginnt, wenn du willst, in diesem Augenblick

Es ist deine Wahl

Dein Weg wird von deiner Seelenfamilie beschützt

Hab keine Angst vor dem Unbekannten

Es fühlt sich zwar anders an, aber ist trotzdem real

Das Leben wird so viel intensiver und lebendiger

Gewöhn dich an die neue Energie sie bleibt

Kannst aber auch jederzeit in deine alte Wahrnehmung zurück

Es liegt ganz an dir

Auch die noch auf die alte Realität fokussiert werden es spüren

Das Neue es fühlt sich richtig an und die Angst verfliegt

Genieße die Neuzeit

Auf eine Zukunft, in der Spiritualität keine Randnische

Versuche es zu genießen und Teile deine Lonely Moments

VEREINIGUNG

Jahrelang diskutiert
In unnötigen Streit involviert
Die Diskussionen meiner Inneren Teile
Über das was wirklich ist

Was wahrhaft richtig ist
Erfahrungen, konkurrieren mit Erziehung um meine Gunst
Die richtige Entscheidung zu treffen – wahre Kunst
Hör auf mein Herz, lass es mich leiten

Viel zu lang dem Verstand gefolgt
Dessen Weg ist nicht immer der beste und sinnvollste
Doch dem Herz folgend
Lerne der eigenen Weisheit trauen

Hab mich viel zu lang selbst verleugnet
Aufkommende Gedanken als krank verdrängt
Habe mich selbst zu sehr eingeengt
Und die Wahrheit für die Norm verrenkt

Mein anerzogenes Weltbild lies mich zwar relativ normal leben
Doch akzeptierte es nur mit schwerem schlucken
Liese es mich viel verpassen
Hat's gedauert mich selbst zu entlassen

Aus dem selbstgebauten Kopfgefängnis
Das mein Wahres Sein jahrelang hinderte hervor zu treten
War freiwillig Gefangener meiner selbst
Früh erkannt – doch spät gemerkt

Das der Schlüssel heraus, bei mir lag
Liese mein Kopf mich Ihn vor lauter Verzweiflung übersehen
Erst als ich zur ruh kam und mein inneres zur Verhandlung rief
Liese es meinen Blick sich öffnen

Erkannte so die Illusion
Desillusioniert entfloh ich
Doch die Zeit ist gekommen es aus zu diskutieren
Meine inneren teile gemeinsam am Tisch zum neu verhandeln

Beim Neuaufbau meiner Sicht auf die Welt lies ich mir zeit
Diesmal nichts überstürzen und weise wählen
Es bestimmt schließlich maßgeblich meine Realität
Das was in mein Bewusstsein dringt

Und was gefiltert
Unsere inneren Weltkarten, bestimmen unser leben
Der weg vom ersten hinterfragen meines Glaubens
Hin zu einem ganz neuen Weltbild

Das mir stimmiger als Das Alte
Der Weg war nicht immer einfach und leicht
Doch hab ich's durch den Dschungel geschafft
Meinen eignen Glauben entwickelt gestützt auf Erfahrungen

Ihn gilt es zu akzeptieren und zu manifestieren
Ich bin dankbar, für alles was war alles was wird
Durch die Vereinigung meiner einzelnen teile
Sie gegeneinander auszusöhnen bedarf Geschick

Ist aktuell auch noch im Gange
Alle wollen recht behalten
Die Verhandlungen zäh
Frieden hergestellt doch den Vertrag noch nicht unterschrieben

Gelingt´s ab und an mit mir so ins Reine zu kommen
Das mir gelingt der Blick auf das was kommen mag
Schöne neue Welt die vor uns liegt
Ein neues Zeitalter der liebe vor uns liegt

Allmählich fühl ich mich bereit
Alle Teile zu verknüpfen
Mich zeigen wie ich will und einfach sein
Trete nun hervor aus meinem Schein

Ich hatte einen Traum ich hatte eine Vision
Und die schickte mich auf eine Mission
Auf eine Reise, die mich machte sehr weiße
Ich forschte nach Wegen, in ein besseres Leben

Wollte mich nicht mit abfinden wie es war
Konnte nicht glauben, dass das alles
Was die Welt so bietet
Und das Leben zeigt mir immer wieder

Ja, da ist noch so viel mehr außerhalb deines Verstandes
Du hast noch lang nicht alles Verstanden
Spirituelle Erlebnisse, erhellen meinen Geist
Das scheinbar unmögliche Erleben

Was war das?
Von bisher unbekannten Gefühlen gerüttelt
Meinen Kopf, ganz schön durchgeschüttelt
Fiel es meinem logischen Geist schwer
Das ganze fassbar zu machen

Wieder ein Riss in meinem anerzogenen Weltbild
So sehr ich's auch versuche
Es hat keinen Bestand mehr
Meine verbohrte Weltanschauung

Keine andre Wahl
Ich muss mich dem unbekannten neuen stellen
Und wieder geht mein Geist auf Reisen
Mindgames vom feisten

Wieder geht's um alles oder nichts
Das Leben ist manchmal hart
Wird es mir manchmal gewahr
Der Blick aufs größere ganze

Doch kann auch nicht alles Überblicken
Aber mein Gefühl macht mir das ganze Ausmaß
Ein wenig begreiflicher
Stück für Stück wird's mir klarer

Bekomm ich immer mehr antworten auf Fragen
Die ich einst nicht erklären konnte die mich plagten
Ließen sie mich früher nicht los
Nächtliches Kopfkarussell

Mit den Jahren und den Erfahrungen
Kam auch ein Stück weit Weisheit
Erkenn ich jetzt immer öfter
Ja so muss es auch sein

Mit meiner Vergangenheit leb ich in Frieden
Hab meinem kleinen Ich gesagt
Hey ich habe dich lieb
Sei so wie du bist, das ist gut

Glaub an Dich
Ich bin mir für nichts was ich je getan hab wirklich böse
Hab inneren Frieden und Ausgeglichenheit gefunden
Mich an mich selbst gebunden

Die inneren Dämonen überwunden
Geistige Diskussionen über das was Wirklich
Überzeugte mich letztendlich meine eigne Meinung
Fiel es mir schwer mich selbst zu Überzeugen

Doch zu viel Erfahrungen und eigene Erlebnisse
Ließen mich ein Stückweit die Logik außer Kraft setzen
Und auch das unmöglich für möglich zu halten
Der Weg dahin war hart

Die anerzogenen Denkmuster durchbrochen
Ist ein Teil von mir komplett zerbrochen
Der der immer alles erklärbar haben muss
Komplett desillusioniert wie ein Schlag ins Gesicht

Komm ganz an im Hier und Jetzt
Erlebe ich eine schöne neue Welt
In der Alles möglich Ist
Und alles so unmöglich wirkt

Doch fühl Mich schwach - warum?
Ich wähle die Schwäche immer wieder
Why? Warum nur tue ich sowas
Des Kampfes zu müde oder denk ich

So geht's Am besten?
Entdecke endlich meine eigne Stärke und wähle sie
Sie überwältigt mich, unglaublich
Ich habe alle Kraft in mir die ich brauche

Niemand darf über mich richten
Sind wir doch alle gleich
Also, wer sagt dir, du darfst urteilen, Herr Richter?
Ihr werdet euch noch wundern

Und merken ihr habt gar die falschen Götzen bewundert
ihr sitzt am Schreibtisch macht die Augen zu
Euer Erwachen wird kommen
Denn die wahre Welt sieht anders aus

Lass die Fantasie Einzug halten
In dein ödes Leben
Sieh auf einmal wird es bunt
 Und dein Leben erlebt eine Kehrtwende

Du erkennst, Mist ich habe Unrecht mit meiner Sicht der
Welt
Was ein Blödsinn glaub ich da eigentlich
Die Welt gehört den Irren
Den querdenken und Spinnern

Sie entwickeln die Welt weiter
Und das ja Ganz so wie es ihnen gefällt
Oh nein das gibt doch Chaos und Unruhe
Doch erkenn alles an was du glaubtest war eine Illusion

Es wurde dir eingepflanzt daran zu glauben
Den Denkmustern zu folgen
Und Sie für Dein wahres ich zu halten
Klar eins plus eins ist zwei

Die Blätter sind grün
Doch sind sie es immer
Realität ist nichts Statisches
Sie wird ständig neu erschaffen

Aus unserem Bewusstsein
Darum sehe zu und erweitere deins
Es ist dein Geschenk das du bekommst
Das Gehirn ist eine Steuerungseinheit

Darum benutzt es, starte deine Reise ins hier und jetzt

CHARAKTERE

Ich sehe dich an doch sehe nur deine Maske
Deine Maskerade, völlig emotionslos guckst du zurück
Dein Charakter - schlechter Schauspieler
Man erkennt direkt die Angst in dir

Angst vorm Leben steht dir im Gesicht
Deine Augen verraten dich
Viel zu wenig Echte Menschen
Die zu sich stehen, wie einst 2Pac
Er war real durch und durch

Hatte das Potential zum Präsidenten
Er war ein Träumer, ein Mann mit Visionen
Doch man entledigte sich ihm
Gefahr fürs Establishment

Hat er die Bude gerockt
Was waren sie alle wie geschockt
Konnten schwer glauben wie er die Massen hypnotisierte
Und sie dabei noch desillusionierte

Ihm folgte die Crowd
Er vergaß nie wo er herkam
In the Ghetto wurde er geboren
Und Sie machten ihn Fame

Er durchblickte das Game

Wusste es zu nutzen

Oft ohne eignen nutzen

Ein Messias vom Schicksal auserkoren

Wurde er zu früh geboren

Ihn sollten wir zum Vorbild nehmen

Er darf als Maßstab dienen

Für Gerechtigkeit und Toleranz

„Only god can judge me"

Aber wieso sollte er das machen?

Wir sind es, die über uns urteilen, Tag für Tag

Gehen härter mit uns ins Gericht als jedem andren

Machen uns unnötig klein

Lassen es zu - werden geschubst

Fliegen wie ein ball übers Feld - jeder tritt mal gegen

Los wir müssen uns selber Mal vergeben

Für all das angeblich schlechte, das wir taten

Lass vergangenes los

Und zieh ein, wenn du gehst über los

Lass nicht nur die anderen, Reichtum horten, bis zur Vergasung

Gönne dir was, fang an dich zu lieben
Wichtiger als materielle Güter
Dann fällt deine Maskerade
Willst du etwa kein Glück erfahren

In seiner reinsten form
Los durchbrich die Norm
Befrei dich vom Zorn
Sonst wächst dir noch ein Horn

Schließt du einen Pakt mit dem Teufel
Spielt das eine rolle
Los stell dich dir selber gegenüber
Und dein Leid geht vorüber

Worüber sich aufregen
Ist, doch alles Schall und Rauch
Los, lös dich auf - verrauch
Lass dich treiben im Meer des Lebens

Es ist der Beginn deines neuen Lebens
Ein Leben frei von zwängen
Lass dich nicht einengen von anderen
Sie wollen dich hindern an deinem Glück

Sie versuchen dich zu ihnen runter zu ziehen
Sackt dein Energielevel bei ihrem Erscheinen ab
So nehme dich in acht
Sonst wirst du leicht zum Ziel ihrer jagt

Ihnen geht's gut wenn's dir schlechter geht als Ihnen
Energie-Vampire – Sie ergötzen sich an deinem Leid
Werden dir immer steine in den Weg schmeißen
Aber auf die Charaktere kannst du scheißen

Es sind nur Opfer ihrer selbst
Umgib dich mit Leuten, die dich pushen
Die dich tragen, wenn es dir schlecht geht
Helft euch gegenseitig aus der scheiße

Doch vergesst nicht, wenn jeder an sich selbst denk
Ist am Ende an alle gedacht
Darum gebe acht
Du kommst in Deinem Leben an erster stelle

Das ist keine Welle von Egoismus
Außer du bist ein egozentrierter Charakter
Das gilt für viele doch nicht für meine Leser
Alle andren können sich daran empören

Aber der Schlüssel allen Glücks – Selbstliebe wer hätte es gedacht
Kannst du mit dir allein sein dann kannst du auch all-ein-sein
Du entscheidest, über deinen Charakter
Er ist nichts festes Unveränderbares

Sondern variable wie das leben
Er ist das wahre sein im Außen
Du kannst wählen wie du bist
Wahre Veränderung braucht nur Sekunden

Denn was gut zu dir passt wird sich manifestieren
Lässt sich leicht in dein Leben integrieren
Du interagierst nur mit dem außen
Lässt dich vollkommen von dem Schein involvieren

Vernachlässigst du dadurch dein inneres
Da solltest du mal aufräumen bevor du über andere urteilst
Das zeigt einen schwachen Charakter
Zweifel nie an dir und deinem weg

Geh ihn Straight und so wie du willst
Du bist der einzige dem du Rechenschaft schuldest
Es gibt niemandem dem du musst huldigen
Oder entschuldigen wofür du hattest bestimmt einen Grund

Wir handeln immer nach bestem Wissen und gewissen
Vertrau du triffst die rechte Wahl
Wir wissen das wir wissen doch das haben wir vergessen
Um zu erfahren was wir wählen für einen neuen Charakter

Tot geboren ins Leben
Haben vergessen, wer wir sind
Sind wir hier zum erinnern
Werden getrieben durch Sehnsucht nach der Heimat

Sie sitzt tief in uns sehnen nach Geborgenheit
Erfahren zum ersten Mal das Getrennt Sein
Gekappt von der Quelle allen seins
Ist's schwer sich hier zurecht zu finden

An diesem kalten Ort
Wo jeder für sich selber kämpft
Beende den Kampf mit dir
Nur du kannst deinen Irrsinn stoppen

Erkenne du hast dich verrannt
Sieh du lebst nicht verbannt
Wir leben mit unendlich vielen Seelen hier auf Erden
Doch was soll aus uns werden

Werden wir alle sterben im Weltkrieg III
Die Zeichen stehen nicht so gut
Drum erheben wir uns, bevor es zu spät
Versuchen Sie offenkundig den Polizeistaat

Was bildet ihr euch ein
Kranke Charaktere hier am werk
Komm wir zerstören ihr werk
Bevor sie unsres zerstören

Los Leute empört euch
Los wir lassen uns das nicht mehr gefallen
Wollen uns komplett versklaven
Und die Bevölkerungszahlen dezimieren

Weil Sie merken bald ist Ihre Zeit vorbei
Und sie hoffen uns noch lenkbarer zu machen
Doch da hofft ihr vergebens
Euer System aufgebaut auf lügen

Doch die Wahrheit kommt ihr – könnt sie nicht mehr vertuschen
Wissen ist macht
Darum teilt euer Wissen übers World Wide Web
Das wahre wissen der Menschheit dort recherchierbar

Man muss nur offenen Herzens nach Wahrheit suchen

Steht uns das ganze wissen frei zur Verfügung

Zum allerersten Mal

Man muss nur suchen

Dann beginnt deine Suche

Wie lang wird es dauern bis du es merkst

Am Ende ist die Antwort immer das Ich

Die Antwort bist Du – Du weit bereits alles - Erinnere dich

Glaub an Dich, so verrückt es auch scheint

Riskiere und Durchblick den schein

Die Massenmedien reflektieren nicht die Wirklichkeit

Denn da ist so viel mehr

Also fang an zu hinterfragen begib dich auf eine Reise

Zu deinem wahren ich und dem was wirklich ist

Sei wissensdurstig wie ein Kleinkind

Nehme Erfahrungen als Aufforderung zu persönlichem Wachstum

Auch an der Größten Scheiße kann man reifen

Und nutzen für sich ziehen

Du musst nur begreifen

Probleme sind Herausforderungen an uns

Die wir uns selbst erwählten
Nicht Bewusst, sondern von unserem Höheres Selbst
was uns ein Stückweit lenkt und uns immer begleitet
Es will uns immer ausreizen

Stößt uns immer und immer wieder, auf die Wahrheit
Doch peilen wir's nur selten
Doch aufgewacht erkennt dein Herz sie immer
Und du erkennst einen höheren Sinn

Lern aus deiner Geschichte
Und du wirst wachsen und auffahren zum Olymp
Wach auf aus der Illusion, an der du haftest
Der du voll und ganz erliegst

Streng nur mal fünf Minuten deinen Geist an
Und du wirst erkennen deinen Irrglauben
Durchblick die lügen die du krampfhaft glaubst
Hast sie bisher nie in Frage gestellt

Beginne Dich zu hinterfragen
Erschaff dich neu
Lass deine Maske fallen denn
Du bist ein einmaliger Charakter

Ja ich gestehe ich glaube an eine globale Verschwörung

Nenn mich Spinner und Verschwörungstheoretiker – ist mir egal

Ich frag nur wo ist die Theorie wenn's so praktiziert

Guck dir das gesamte Weltgeschehen einmal an

Glaubst du diesem Komödianten-Stadl

Merkel & Co Schauspieler die uns Verarschen

Wollen uns die neue Weltordnung unterjubeln

Die wahren Wahlen gibt es bei den Bilderbergern

Gewinnen kann nur der, der mitspielt

Ihr krankes spiel weiter treibt

Und handelt wie man's ihm befiehlt

Hier werden Präsidenten gekürt, hier wird Politik bestimmt

Genug spielen es mit für nur ein kleines Stück vom Kuchen

Doch das ist nur Abfall den ihr schluckt – merkt ihr das nicht?

Doch glaubt lieber weiter an die Lügen

Ist es ein guter Staat, der dir helfen will?

Verdräng die Wahrheit ruhig weiter

Sie ist dir zu suspekt und du verstehst…. Nix

Schade aber Du wirst noch begreifen und endlich wahrhaft reifen

Sieh ein dein Leben bisher, war doch scheiße soll es so enden?

Hinterfrage deine Ansichten, ob du wirklich daran glaubst

Wenn ja ist gut doch glaubst sie nur weil's gesellschaftlich gewollt

Hör auf, nur blind den Massen zu folgen

Bild dir doch mal Deine eigene Meinung

Aber bitte nicht blind aus der Massenverdummungsmaschinerie

Die Medien berichten alle aus fast einer Hand

Freie Presse? Gab es sie mal?

Klar manche Journalisten die noch nicht ihre Seele verkauften

Die wenigen berichten Ehrlich und auch Objektiv

Doch Sie muss man suchen

Sie werden klein gehalten bis sie brechen und mitspielen

Wir wurden oft genug gewarnt und genug beweise liegen offen

Lasst uns den Zirkus beenden und die Täter zur Rechenschaft ziehen

Wegen Ihnen wird Leid erzeugt in der Welt

Aber leider sind es noch zu viele die verworren in Ihren Fäden

Die sie so sauber über Jahrzehnte gewoben

Schwer dem schein zu widerstehen, zu groß und komplex

Welch riesiger Lügenapparat

Es kostet einiges an Überwindung all dies zu hinterfragen

All das was man nie bezweifelte

Der Fernseher belügt mich doch nicht oh nein das kann nicht sein

Nie war's so einfach wie heute die Massen zu lenken

Haben die meisten aufgehört zu denken

Wirklich schade, unsere Spezies hat so viel Potential

Doch wir sprinten schnurstracks Richtung Abgrund wie Lemminge

Hoffentlich macht's bald klick und wir bleiben stehen

Sonst sehe ich schwarz für unser weiterbestehen

Die ersten, schon ganz nah, Vollgas gen Abgrund

Leute glaubt nicht alle Verschwörungstheorien sind gelogen

Wurden ein paar wahrscheinlich zur Destabilisierung gestreut

Es sind die, die wirklich Schwachsinn und unlogisch sind

Doch in den meisten steckt Wahrheit

Sie beschreiben wie es nun mal ist, fernab der TV-Illusion

Stell dich ihnen mal objektiv und prüfe ob sie für Dich stimmig

Die meisten Theorien sind leider reale Praxis deshalb

Nein, Nein wir wollen nicht eure Welt

WAS WÄRE WENN?

Was wäre, wenn... sich all meine Träume realisieren?

Produktionskosten null
Dazu ein Lächeln auf deinem Gesicht unbezahlbar
Meine Lyrik unnachahmbar
Der Grund warum ich sie schreibe

Sie sind einmalig
Wahrlich denkst Du drüber nach und es macht klick
Dir entgleitet glatt dein ganzes Gesicht
Wenn Du ihren Wahrheitsgehalt durchblickst

Wenn Du es begriffen wird es wie Schuppen von den Augen fallen
So kann's nicht weiter gehen...
Ich muss mich ändern
Ich hör wohl die ganze Zeit den falschen Sender

Ach hier, hier ist ja ein Lenkrad – wie schön
Dann kann ich ja noch umlenken einmal komplett umdenken
Am besten ich fang noch mal an bei null
Entdecke für mich selbst was wahr ist und was nicht

Puh was fühl ich mich frisch

Doch eines wird mir gewiss

Zurück kann und will ich nimmer mehr

Einmal geleckt den süßen Saft der neuen Ära

Einmal gerochen den intensiven Duft

Dazu noch der kristallklare Sound und die Auflösung in super HD

Grund sich selbst aufzulösen

Ist es so, sei Dir gewiss Erlebnisse hinterlassen Spuren

Das Erlebnis falls nicht von Dauer wird zur wunde in deiner Seele

Du blutest Sehnsucht aus

Sehnsucht nach der neuen Realität die du erlebt hast

Die so viel realer und schöner als das Alte

Durch die Sehnsucht entsteht eine Gier

Nach mehr so wundervollen Erlebnissen

Du denkst dir im Stillen

Ja zum Glück es gibt ihn doch, den Ort, an dem alles gut

Wo wie weg geblasen ist meine gesamte Wut

Wut über mich und auf einfach alles

Freigespült von allem schlechtem was sich in mir verfangen

Ein Reinigungsprozess ausgelöst von küssen der Engel

Die Sie Dir gaben wenn auch von Dir unbemerkt
leisteten sie durch Reinigung ihre Arbeit
Transformierten alles Schlechte ins Positive
Und du erkennst das wirklich Positive

Wirst so glücklich, wie nie zuvor
Schaust zuversichtlich nach vorne
Und gehst dein weg wohin er Dich auch trägt
Doch setz dich nicht zur wehr

Wenn der wind mal zu Stark
Bleib stark bessere Zeiten kommen
Da gibt's kein entkommen
Bist zwar jetzt noch ganz benommen

Doch auch das wird vergehen
Du wirst Klarheit erlangen
Steiger dein Verlangen nach mehr
Denn es gibt so viel Unbekanntes zu erleben

Wenn du willst kannst du so viel bewegen
Dann kommen dir Ereignisse ganz gelegen
Musst dich aber erstmal ganz ergeben
Lass dir die Chancen die sich bieten nicht mehr entgehen

Nutz Sie, wenn sie sich ergeben

Und dein ganzer geist wird sich erheben

Wirst ganz neue Sphären kennenlernen

Dein Bewusstsein erweitert sich

Gewinnst einen ersten Eindruck eine ganz andre Sicht

Dein Weltbild verliert seinen halt

Doch bald erkennst du es musste so kommen

Denn das neue hast du geschenkt bekommen

Es ist rein objektiv betrachtet das wirklichere

Errichtet von dir und deinem höheren selbst

Muss es sich noch richtig manifestieren

Sich selbst in der Realität Verwirklichen

Dann wirst du sehen

Beginnen sich deine Träume

Mehr und mehr in deinem Leben zu integrieren

Und du wachst auf in einer schönen neuen Welt

SELBSTERKENNTNIS

Der Anfang ist getan
Trau mich jetzt - steh endlich zu mir
Lass mich berauschen von meinen Lines
Ich bin der Herr meiner Rhymes

Mein Ego befiehlt - nein halt es geheim
Doch die Erkenntnisse gelten ganz allgemein
Die Wahrheit will publiziert werden
Wählt sie mich als ihren Boten?

Oh krass, fühl mich geehrt
Spürte das schon mein ganzes Leben
Da muss es noch mehr geben
Durchs Leben geführt an die Quelle der Erkenntnisse

Doch bekam ich dort nicht genug
Wurde süchtig nach mehr
Wurde gefragt willst du's wirklich wissen?
Ja, jaaaa, jaaaaah - alles oder nichts?

Ich wollte alles
Und bekam mehr als mir eigentlich lieb war
Durchdrang es meinen gesamten geist
Die Ketten und Mauern – wie weggesprengt

Fühlte mich noch nie so befreit
Frei von den grenzen die sonst nur beengen
Flog so hoch und frei wir ein Vogel
Unbekannte Freiheit – was geht's mir so gut

Frei von aller Wut
Brodelte es in meinem Blut
Es geht los lang genug geruht
Mein Kopf hatte hart zu kämpfen

Die Fülle an Infos die kamen einzuordnen
Alles Neuland
Passte nichts mehr in die alten Ordner
Mein altes Weltbild verbrannte

Die goldenen Brücken standen in Flammen
Innerliches brennen ich ließ es geschehen
Und seine Arbeit machen
Innerlich gereinigt ging es weiter im Erkenntnis Dschungel

Die Wirklichkeit stand vor meiner Tür
Ich öffnete all meine Pforten und lies mich fallen
Vom Fluss des Lebens weggetragen
Weggespült alle Sorgen und Probleme die mich sonst tangieren

Völlig losgelöst, wo bin ich hier
Fühlte es sich an wie in ganz früher Kindheit
Ein nach Hause kommen
Lebte ich sonst ganz benommen

War ich jetzt am Gipfel vollkommen bewusst
Über mein wahres ich, lernte mich neu kennen
Entdeckte mir bis dato unbekannte Facetten
Konnte nach freiem Willen wählen wie ich sein will

Bastelte mit meinem Charakter wie Lego
Entwickelte mich so neu in wenigen Stunden
Tauschte meine Introvertiertheit gegen vollkommene Offenheit
Mein Selbstbewusstsein stieg höher und höher

Mein altes Ego losgelassen fing ich an zu fassen
Was ich hier erlebt hab und wo ich eigentlich war
Break on Through to the Other side
So ist das also da drüben

Jim ich verstehe
Danke für dieses Geschenk, ich halt es in ehren
Dann zur Krönung sah ich noch das Licht im Dunkeln
Von völlig unbekannten Gefühlen erfüllt

Hörte ich achtsam zu was das Licht zu sagen hatte
Schlagartig wurde mir bewusst was alles wirklich
Zeigte mir es den weg und ich wusste ich bin richtig
Das war auch bitter nötig für die harte Zeit die dann folgte

Nach dem Himmel folgte die Hölle die ich durchschreiten musste
Durch die kraft des Lichts getragen überlebte so die
Gefangenschaft
Leicht gebrochen, krallte ich die letzten teile meines alten seins
Baute mein altes ich wieder auf

Erst weigerte ich mich doch ich merkte es muss sein
Ich brauch Zeit sehr viel Zeit
Zeit das erlebte für mich zu reflektieren und erklärbar zu machen
Jahre der Forschung vergingen

Erkannte immer mehr das wie und warum
Und ich verstand das es notwendig ist – Zeit des Reifens
Nötig das wir erfahren was wir Erfahren
Die Zwietracht zwischen den zwei Bildern der Welt war tief

Lang gebraucht das eigene auch für Realität zu halten
Beginne jetzt beide zu vereinen wie es gut für mich und es passt
Ich fang an mich zu erinnern
So war sie die Reise zu mir und bin noch dabei

Führt mich ans Licht ich enttäusch Dich nicht!

DUALITÄT

Hier in der Dualität zählt nur welche schuhe du trägst
Oberflächliches Gehabe ohne was dahinter
Jeder meint nur so gewinnt er
Doch so verrinnt er

Der Augenblick in dem du ganz du selber werden kannst
Du verpasst ihn vor lauter Gier - Gier nach dem Schein
Dein Geist so in Hektik - keinen Moment der Stille
Suche die Stille nur so kommst du zu deinem eigenen Willen

Werde dir über deine Wünsche und Ziele bewusst
Mach doch mal was dir wirklich Spaß macht
Sei frei - geh spielen hab Freude am Leben
Erkenn das Resonanzgesetz und nutz es zu deinen Gunsten

Gleiches zieht gleiches an
Darum achte auf deinen geistigen Zustand
Negatives denken zieht dich nur runter
Und geh nicht gleich geistig in Ruhestand

Werde aktiv greif ein in den Gedankenfluss der dich drillt
Der dich hindert zu sein wer du eigentlich bist
Es ist dein Egozentriertes Denken - lass es los
Das bist nicht Du

Oder lass dich weiter blenden von der Scheinwelt in der du lebst

Guck weiter neidisch auf den Mercedes deines Nachbarn

Ärger dich über die faulen Asylanten

Denn die sind ja schuld das es dir schlecht geht nicht wahr?

Hab endlich mal Eier und übernehme Verantwortung

Du bist der Ursprung all deiner Probleme

Die Lösung derer liegt auch in Dir

Löse deine inneren Konflikte – sie blockieren Dich

Hindern dich am selbst sein

Ego spielt seine Spiele und du fällst rein

Identifizierst dich mit den Gedanken

Lässt dich komplett illusionieren

Steigst mit ein in das spiel

Von Gut und Böse

Es ist das lösen das dir nützen wird

Lass alle Probleme die du dir aufgebürdet hast los

Ein Gefühl der Freiheit umringt dich

Und du erkennst eigentlich alles gar nicht so schlimm

Alles ist auf einmal ganz und gar logisch

Schäm dich nicht für vergangenes

Du wusstest es nicht besser
Sei bereit für die Erfahrung lass sie zu
Glaube dem was dir in den Sinn kommt
Es ist alles Real

Hart zu erfahren das man eine Lüge lebte
Ihr einfach blind folgte ohne den Kern zu hinterfragen
Dann wäre es einem doch schon viel früher aufgefallen
Hat's Jahre gedauert doch jetzt kein unnötiges bedauern

Die Lüge enttarnt und abgelegt
Unentwegt versucht das Ego wieder zurückzukommen
Pass auf, Es ist mächtig, Es wird sich einiges einfallen lassen
Hinterfrage alles, Es will dich mit allen Mitteln zurück

Glaub dir du bist nicht verrückt
Sei, lieber ganz entzückt
Dadurch wirst du beglückt
Und mehr in deine Mitte gerückt

WACHSEN

Hoffe ich komm jetzt wieder ganz zu mir zurück
Halt mich nicht mehr für verrückt
Das allein sollte mich schon ganz beglücken
Verrücken das liegt hinter mir

Wollte es allen recht machen
Doch musste ich mich erst mal wieder mit mir selbst befassen
Um wieder klar zu kommen
Bin jetzt im reinen mit mir

Doch verliert man sich ganz leicht selbst
Deshalb jetzt, back to the roots
Zurück zu mir
Und wieder starten aufs Neue

Es gibt nichts was ich in meinem Leben wirklich bereue
Dass allein müsste mir den nötigen Schub geben
Für mich und mein weiteres Leben
Lass mir nichts mehr vormachen

Steh zu mir, hab mich lieb, wie ich bin
Will nicht mehr sein das liebe Kind
Das Bild was ich glaubte früher erfüllen zu müssen
Wie komm ich ganz an bei mir?

Muss ich dafür verlassen mein gewohntes Revier?

Die Gier mancher Leute kotzt mich an

Denken ausschließlich an sich und stellen sich über andere

Scheiß Egoisten lernt ihr nie dazu?

Das Leben lehrt euch jeden Tag

Wichtige Lektionen durch die ihr wachsen könntet

Doch ihr ignoriert sie haltet an eurem altem sein ganz stark fest

Geiert nur nach Macht und Geld

Das ist was mir nicht gefällt

Und nein, ich Fühl mich dadurch nicht als Held der Welt

Einzig und allein mein Wohlbefinden ist´s was für mich zählt

Man bekommt was man wählt

Ernte bald alles was ich einst säte

Das steht auf meiner Fährte

Hab nur jahrelang die Ernte vernachlässigt

Weiß noch nicht genau wie ich das jetzt bewerkstellige

Bisschen Wasser bisschen Kraft einsetzen dann wird dat schon

Geh jetzt meinen eignen weg

Werde geführt von meinem höheren selbst

Muss nur lernen drauf zu achten was ich mir ins Ohr flüstere

Das Vertrauen aufbauen, das es richtig

Und nicht nur null und nichtig

Das ist für mich wichtig

Kann mir doch selbst vertrauen

Hab nichts zu bedauern

Das Leben gibt mir täglich neue Aufgaben

Stellt sich mir vor

Ich entscheide was ich draus mach

Hätte nie gedacht das mein Leben wird, wie es ist

Soviel Kraft und Willen hätte ich mir selbst nie zugetraut

Hab mich oft nicht aus mir selbst getraut

Der Irrglaube andre wissen wies läuft saß tief

Sodass ich sogar den Ärzten mehr vertraute

Als meinen eigenen gesammelten Erfahrungen

Die halte ich mir jetzt als schätze

Bewahre sie auf und halte sie in Ehren

Werde niemandem mehr dran spielen lassen

Meine Erfahrungen und Erlebnisse

Kann mir keiner nehmen

Egal was Sie versuchen

Die gehören mir, das ist das einzige was ich mitnehme

Vergangenheit ist geschrieben

Die Zukunft wird gestaltet

Kann ich mich immer mehr entfalten auf meinem Weg

Der unweigerlich zu mir führt

Es liegt an mir, ob ich inneren Hass auf mich schüre

Oder ob ich mich selbst lieben Lerne

Oh verdammt, was habe Ich mich gern

FÜHRUNG DES LEBENS

Gebe ab die Führung meines Lebens
Lass mich leiten von höheren Mächten
Sie überblicken was für mich richtig
Auch schlecht wahrgenommene Erfahrungen sind wichtig

Wir bekommen Probleme um zu reifen und wachsen
Es ist Zeit zu handeln als wäre ich erwachsen
Ist ja auch so
Doch trau mir viel zu oft viel zu wenig zu

Woran liegt das?
Warum denk ich andere stark aber mich selbst so schwach?
Sie denken doch genauso und am Ende fühlt sich jeder schwach
Wem nützt das?

Bin jetzt wach und versuch mich zu ändern
Schwer, weil überall Negativität die runterzieht
Manche mögen es nicht, wenn es anderen gut geht
Wir sollten diesem Irrsinn ein Ende setzen

Und uns auch mal widersetzen
Gegen Staat und Gesellschaft
Gilt nur zu hoffen das sie uns nicht niedermetzeln
Friedlicher Widerstand unsre einzige Chance für Veränderung

Alles andere würde in ihren Plan bestens reinpassen

Und alles ging weiter wie bisher mit noch weniger Gegenwehr

Es gilt noch einige zu wecken, damit wir Wandel einleiten können

Dann geschieht er fast von selbst

Sind bald am point of no return

Dann gibt's kein zurück

Hoffe wir leben bald alle ganz entzückt und beglückt

Wie es jetzt ist, ist doch verrückt

Vollkommen Shizo - sind wir alle geisteskrank?

Erliegen dem Hirnwaschentertainment

Werden bombardiert mit sinnlosem zeug

Sie erzeugen ein Gefühl das was fehlt in uns

Werden in Bewegung gehalten kommen so nie zur ruh

Bloß nicht selber denken

Fangt ja nicht an damit

Sonst werdet ihr krank

Das stimmt, wer seinen Kopf startet und beginnt zu hinterfragen

Erkennt die Wirklichkeit der denkt das kann nicht sein

Was stimmt nicht mit mir fährt Karussell im Kopf dummer Gedanke

Wurden erzogen das nicht sein kann was ist

Respekt wer das noch durchblickt und nicht durchdreht
Soviel leid und Angst die uns regiert
Glaub an Dich und nicht Ihren Lügen
Sind so manipuliert das wir die Manipulation für wahr

Und die Wahrheit für Manipulation halten
Diesem müssen wir uns entziehen
Los, zwingen wir uns der Wahrheit ins Gesicht zu schauen
Klar, jeder hat da seine Eigne doch glaub an sie

Scheiß auf das was sie dir beibrachten
Alles Lug und Trug
Los erkennen wir das wir unser Leben lang Gehirngefickt wurden
Und dann lassen wir es los

So werden wir hoffentlich aus der Illusion befreit
Ja, ich nehme die rote Pille
Die Blaue, schmeckt schon lang nicht mehr
Wem wollen die denn noch was vormachen?

Versklaven uns immer mehr bis wir an Scheisse ersticken
Die die das durchblicken werden immer mehr
Scheisse schmeckt nicht jetzt kommt die Gegenwehr
Lassen uns das alles nicht mehr länger gefallen

Welcher Teufel hat euch nur befallen?

Ihr glaubt es gibt keine Alternativen?

Selbst wenn man sie euch präsentiert und erklärt

Nein, ihr verweigert euch – Warum?

Sagt das geht alles nicht, wer soll das denn bezahlen?

Klar im jetzigen imperialistischen System wäre es so

Man braucht auch nur ein paar kleine Dinge ändern

Und die Menschheit würde Aufatmen und allen ging es besser

Warum verhindert ihr das?

Finnland macht es vor

Bedingungsloses Grundeinkommen für jeden Menschen

So muss es sein aber sicher du hast recht, ist zu teuer…

LOL du Ignorant

Langfristig billiger als unser Sozialsystem heute

Doch halt du nur weiter an deiner Weltanschauung fest

Du und der Staat haben recht

Es wird Zeit für Veränderung

Los packen wir es an

Sei Du doch der Wandel

Den Du willst auf der Welt – ein Anfang

Heya -you people far, far away from here

Miles away and I know a huge ocean divides us

The time is now the day X impend than we have to decide us

Between right or wrong - light or dark it´s count here and now not later or somewhere

The final battle between good and evil caught the melting point

Looking away - no option - anymore / but there are more options than just smoke a Joint

I know it´s nearly unremitting for smoke and feeling intoxicate

The world seems to present itself bad and ugly to us - the fault is a wrong mindset and masses misinformed

It has to be a stupid population and only this would let control them like we allow them doing anything

Only a fistful people question the whole and work hard for a mind they able to love being proud showing their deepest self esteem

It´s taskwork staying calm if you telling the real truth and respond only broadside of fakeness

Friends pretend to enemies and sprinkle broadcast full of negative hatefulness

After you pass your personal doomsday you couldn´t see the world like previously noticed

Everything alters nothing appear in order - please smile please don´t so seriously looking

Just joking about the reality how it presents to you

Please observe your own thoughts - you just upload all of them directly sent to cloud

We are connected there - believe for receiving something from - we all together

Our unconscious is able to receive everything on information's that are stored there forever

Only a minor small number out of the unlimited Akasha arrive the awareness

It´s not uncommonly they would be misinterpreted as own thoughts so if you open your mind be careful

And forget the lie that all things in your head are from your own source

It ain´t they often directly from the all linking universal consciousness resources

Yes -it is true - and if you think beyond this fact you will realize one thing but I´m sure you will deny it

This would imply that there are voices in your head and you won´t realize this

Foresight the sooth destroys the illusion of separateness that divides us

Spot your uniqueness of a refulgence spiritual essence please invite us

Show us your light-colored emission it's part of your mission to transition

Relax and just let it be how it arrive you have to commit the transmission

Flow with the drift of the river circulate with and it will guide and lead

If you recognize that someone around steal your energy or pulling you down just be quiet and leave

Always be kind and live that you always could survive in front of your own justice from your own

Be real don´t be a player who only copy others if you copy be a copy you be at home

No one should have more valuable to you then you by yourself

Awake now don´t be hypnotized from the light rather check you have the choose -hell

Resign from the bulk just feel the shine of life around you

Suddenly you feel that this is a new form of reality build from within but it´s all around you

You've passed the transformation maybe with a lot of help from the dreams while sleeping

Please don´t fall back in the state like living day sleeping and if you check abort it and just leaving

You´ll see everything falling down to its perfect right spot which is predestined

Notice the existing of the existing connection from all that is - perceive someone like me could easily read everything out from your mind

Oh, this fact is awkward and you getting shame of the thoughts you imagine in past

Shut the fuck up they forgotten and the past is history live now and observe your mind let loose that you have to be hard

Your inner core is very soft - how sweet - please be plain on it and end from all the lies

Realize the spirit world lay in front of us you could feel it nearby your side

Liquidate the useable dimension of several entity and that´s not crazy it´s the simplifying of quantum physic for dummies

Ask Albert if this curl up some questions in your mind - he gives answers if you call him don´t be a dummy

You will astonish about what happen if you call someone you know but who's already dead

Don´t be afraid if lights are flushing or strange things become reality just identify the illusion of dead

GEDANKEN WERDEN WIRKLICHKEIT

Fang an zu denken

Schluss mit dem Selbstbeschränken

Lang genug hast du dich geduckt

Komm, los zeig dich sei Dein eignes Ich

Komm zieh einen Schlussstrich – et langt

Kassenabrechnung...

Doch bekommst Du das was du verlangst?

Erlangst Du die Freiheit?

Trägst sie wie ein zweites gewandt?

Entlang des Weges, zerstörte Charakter

Gelang es dir immer zurück zu dir?

Oft, leider nicht immer...

Aber normal bei all dem Gerangel

Doch hast dich über allen drüber gehangelt

Gewandelt fängst du an bei null

Neubeginn der Neuzeit

Freu dich auf Tag X

Du denkst nur, krass, verflixt

Erblickst die Realität wie erst selten zuvor

Komm klar...

Du warst ziemlich verstrickt

Erstickst fast an altem Karma

Doch du hast das alte komplett durchgemixt

Erblickst die Lügen die alles festhielten

Durchblickst du falsche Denkansätze

Codier sie um...

Glaub nur noch dir und dem was du siehst

Oder sind deine Erfahrungen etwa nicht realer

Als das akzeptierte Weltbild

Wähle dein Selbstbild doch mal neu

Las das alte los...

Du bist für die Realität wie du sie erlebst alleine verantwortlich

Obs gut, ob es schlecht, du hast es zu dir geholt

In dein Leben kommt nur das was du erdacht

Gedanken können sich manifestieren

Sie werden zu Deiner Wirklichkeit

Es kommt auf die Energie an die du reinsteckst

Entdeckst die Welt als ein einzigartiger Ort

Komm, zaubere...

Wir kreieren alle unsere eigenen Landkarten vom Leben

Passieren kann nur das was du tief in dir glaubst

Deine Wahrheit manifestiert sich Tag für Tag

Aufs Neue für dich

Doch bereue nichts…

In allem Steckt was Gutes, egal wie es anfangs Schmerzt

Trau dich, trete ein Stück zurück und analysiere

Auch in der größten Scheisse Stecken Chancen

Und eine unbegrenzte Menge an Möglichkeiten

Lerne aus Erfahrungen

Spürst du schon den Beginn deiner neuen gewahr-Werdung?

Ist jetzt die Zeit reif?

Der Anfang einer neuen Zeitepoche

Du startest dein Leben, alles beginnt neu

Warst felsenfest überzeugt, du hättest es drauf

Hast gedacht, hey ich bin erwachsen und weiß alles

Ach ja, wirklich?

Na dann wart mal ab was du noch erlebst

Wir werden immer mehr, das Erwachen beginnt

Loslassen von falschen Überzeugungen, riskier es

Komm klar, bist du wirklich traurig?

Über die Wegfallende Lügenfassade?

Guck, du kennst doch die Wahrheit bereits

Erinnere dich an sie…

Nimm dir Zeit und werde dir über alles bewusst

Entscheide selbst was deine Wahrheit wird

Nimm deinen alten Glauben mal ruhig ins Gericht

Erst durch deinen Zweifel zeigt sich sein wahres Gesicht

Ups, sehr schön so… Mach weiter

Jetzt vertrau dem was dir deine innere Stimme zuflüstert

Ja, es ist so, deine alte Meinung wo kommt Sie nur her?

Sie entstand selten aus deiner eignen Gedankenwelt

Es sind alles Lügen…

Fast alles was du für wirklich hieltst

Stammte von deinem Umfeld

Wurde geprägt durch die Erziehung der Eltern

Aber noch viel mehr durch die Gesellschaft

Bekommst eingetrichtert alles ganz normal

Hast geglaubt alles logisch und wissenschaftlich erklärbar

Hmm, Wandel dich doch mal

Realität, was zum Teufel ist das?

Kannst du deinen Augen trauen?

Bist du dir etwa nicht sicher, hast Selbstzweifel

Ok, vielleicht brauchst noch Zeit zum Verarbeiten

Hoffe dein Weg wird dir leichtfallen

Achte auf die Zeichen die du bekommst, sie leiten dich

Lass mal alles zu... Auch wenn es suspekt

Es eröffnet sich dir eine neue Welt

Boah, hier ist ja alles möglich, oh wie schön

In dir entsteht ein neues nahezu unbekanntes Gefühl

Respekt für deine Leistung...

Schau dir doch mal die Masse an

Fast alle Leben unterbewusst in Trance

Leider trifft man bisher nur selten Erwachte

Und yes, du gehörst jetzt dazu

Trauer nicht um die verpassten Jahre

Irrelevant wie lange du ein Schlafwandler warst

Wichtig nur eins...

Erwacht in ein neues Bewusstsein, es ist OK, Glaube

Zwar etwas neu und ungewohnt aber so viel Schöner

Früher total Gehirngefickt wegen Reizüberflutung

Durch die Medien die überall präsent

Gaukelteste dir ständig eine unechte pseudoheile

Welt vor, wie sie im TV

Sie schaffen es unser selbstständiges Denken zu Stoppen

Solang bis man es selbst vergisst es zu nutzen

So schläft man ein...

Gehirntot ohne, dass man es merkt

Beschränkst dich irgendwann aufs reine Reagieren auf Ereignisse

Statt selbst aktiv zu werden und eigene Aktionen zu starten

Impfst du dir selber ein, "Ich muss noch warten"

Verschiebst dein Glück immer auf die Zukunft

Statt dir jetzt im Augenblick was zu Suchen und Glück zu empfinden

Du hast es verdient und bist es wert das es dir gut geht

Bedingungsloses Gutfühlen...

Meiner Meinung sehr leicht machbar

Veränderung braucht oft nur einen Bruchteil einer Sekunde

Kurze Trauer, doch lass sie direkt los

Dann kommst Du in die Vorbestimmte Bewusstseinsebene

Lass sie zu...

Empfinde die Energien um dich rum

Spüre das Glück das deinem Innern entspringt
Positive Gefühle sind niemals endlich
Nutze sie so oft wie möglich, egal auf welchem Weg
Nehme sie dir, du darfst dein Glück zulassen

Selbst wenn dir der Glaube erst schwerfällt
Die Welt ist ein wundersamer wundervoller Ort
Die dir alles bietet was du wirklich brauchst
Alles ist bereits in dir enthalten

Greif darauf zu…
Du musst dich nur an dein wahres Sein erinnern
Deine eigene Quelle, nutze Sie, schöpfe daraus
Mehr als du brauchst, Du darfst es

Explodier vor Glück – warum auch nicht?
Kehr dein Inneres nach außen, du wirst gesehen
Spürst du die nie wahrgenommene Kraft die Tief aus dir kommt
Verbinde dich mit der universellen Kraft des Universums

Traust du dich die alte Weltanschauung loszulassen und zu
ersetzen
Die Neue ist viel näher an der Wirklichkeit doch
Wirkt zwar auf den ersten Blick mehr als Unglaubwürdig
Doch Sie baut auf geistige Gesetze, die kaum jemand kennt

Doch sie gelten für alle…

Ausnahmen gibt's nicht so sehr du dir das auch wünschst

Du bist wie ein Webserver im Universellen Extrainternet

Wir sind alle miteinander verbunden, entdecke die Möglichkeiten

Eine Unsichtbare Matrix verbindet alles sein

Nutze die Akasha Chronik für dich und dein Leben

Lade dir das Wissen der Menschheit in deinen Speicher

Die Geschwindigkeit des Zugriffs macht dich baff

Alles ist möglich…

Egal was du dir in Gedanken vorstellen kannst ist realisierbar

Nutze die Chance, fühl dich wie ein kleines Kind

Fang an zu Träumen, Imaginationskraft ein großes Geschenk

Müssen sie nur mal nutzen, sie liegt nur brach

Wir nutzen sie zu selten, schämen uns für unsere Fantasie

Behalten sie für uns geheim

Komm wir teilen und verbinden unsere Träume

Erschaffen einen unvorstellbar großen Traum

Den Traum von einer besseren Welt

Freiheit des Individuums…

Das ist doch mal ein Ziel, für das sich jeder Aufwand lohnt

Gescheitert an der Verwirklichung sind schon viele
Aber jetzt ist die Zeit reif den Traum zu manifestieren
Reaktivieren wir die Kraft die er schon hat
One Love, die Lovevolution kann beginnen

Trau dich den ersten Dominostein anzutippen
Der Prozess ist bereits gestartet...
Der einzelne muss keine großen Opfer vollbringen
Jeder geht seinen Weg zusammen bilden wir eine breite Straße

Sie wird von höheren Mächten zusammengefügt
Vereint zu einer Einheit...
Lassen neues entstehen, für das Wohle aller
Lass dich von deinen Gefühlen und der Intuition leiten

Das genügt, hilft dem großen Ganzen auch wenn's anders scheint
Lebe bewusst und geh Achtsam erhobenen Hauptes
Steh zu dir, sei stolz auf deine Entwicklung
Warst ziemlich verwickelt und klebtest an einem Partiellen Abbild

Erkenne nun was Wirklichkeit
Gönn dir was immer du magst und freu dich das du dich on gelöst
Glück gehabt es waren schon fast zwölf, doch noch eine Minute
Reißen wir das Ruder rum bevor alles zu spät

Es ist allerhöchste Eisenbahn wach auf sonst ists aus und vorbei

Und bedenke, du bist niemals allein

Guck auch mal nach links und rechts es werden immer mehr

Wir sind Lichtarbeiter, glaub auch du daran

Alles ist Energie…

Du ziehst die Energie die du ausstrahlst wie ein Bumerang

Und dazu noch verstärkt wieder zu dir zurück

Drum handle immer in positiver Absicht damit es dir gut geht

Denn eins, ist fakt…

What goes around comes around

Have a nice day

SUCHT

Den Sprung zum Erwachsenen bei dem aus Kindern Ältere werden
Spürte ich kaum
Denn ich bin so hot or not?
Die Leute reden und lästern

Ihr seid überzeugt, ich sei hängen geblieben
Ähm joa, dem stimme ich zu
Bin klatschen geblieben auf positivem Denken
Ich bin auf der Suche nach meinem wahren Leben

Diagnose süchtig und verhaltensgestört
Ach so wirklich? Liegt ihr da richtig?
Das ist ja witzig... Habe ich gemerkt vor rund 15 Jahren
Der Kampf mit ihr war richtig hart

Es ging hin und her... Musste ich einiges ertragen
Und das um am Ende, mich mit ihr zu vertragen
Das musste sein sonst wären wir noch immer dran – kein Ende
Es war der Kampf meines Lebens... Keiner wollte aufgeben

Ich gab alles was ging, war viel zu klein der Ring
Aufgeben keine alternative war es am Ende ihre initiative
Sie gab zu... Junge, keine Chance dich einzunehmen, Frieden?
Überlegte kurz doch lenkte dann ein

War verlegen weiter zu machen lag die Sucht ja am Boden
Dafür muss ich mich sehr loben
Lenkte ein zum Verhandeln – Ende mit dem ganzen Kampf
Auf einen Schlag aus und vorbei und alles ist anders

Die Verhandlungen mehr als harmonisch
Durch innere Ruhe und Seligen frieden unterstützt
Gab es nun für keinen eine Chance zurück
Doch waren wir bereit zu Kompromissen

Haben es geschafft uns zu einigen
Sie stimmte zu mich, falls nötig zu reinigen vom Schmutz des Lebens
Ich versprach dafür sie immer zu füttern, wenn es geht
Die Einigung, sie zu verteilen in so viele Teile das Ich Sie nicht merke

Ich denk innerer Frieden ist es wert
Dafür zu kämpfen, sonst gibts keinen
Zumindest ich habe endgültig genug, will niemals mehr kämpfen
Danke für Seelenfrieden und Ausgeglichenheit das war es wert

Meine Gedanken werden zu Nullen und Einsen digitalisiert
Zum Glück noch unzensiert
Ich surfe durch die verschiedenen Ebenen meines seins
Entrinnen gibt es kein – darum leb ich nun mit Ihr

ICH BIN...

Ich bin -

Was bin ich?

Bin ich, ich bin

Oder bin ich was

Was ich bin

Ich bin -

Bin ich was

Doch was bin ich

Was ich, ich bin

Ich bin was

Ich bin -

Wie bin ich?

Bin ich, ich bin

Oder bin ich wie

Wie ich bin

Ich bin -

Bin ich wie

Doch wie bin ich

Ich bin wie ich bin

Wie ich bin - Ich bin -

Wo bin ich?

Bin ich, ich bin

Oder bin ich wo

Wo ich bin

Ich bin -

Bin ich wo

Doch wo bin ich

Ich bin wo ich bin

Wo ich bin

Ich bin -

Wann bin ich?

Bin ich, ich bin

Oder bin ich wann

Wann ich bin

Ich bin -

Bin ich wann

Doch wann bin ich

Ich bin, wann ich bin

Wann ich bin

Ich bin -

DANKET DEM HERRN (MUSIK)

Danket dem Herrn - denn er ist immer da für uns

Danket dem Herrn - Er gibt Hinweise was richtig ist

Danket dem Herrn - er verzeiht und kann heilen

Danket dem Herrn - denn er liebt uns wie wir sind

In schwerster und in schönster Stunde - zeigst du dich mir am nächsten

Dann spür ich da oben ist wer - der an mich denkt

Der wenn's hart auf hart kommt - auch einmal die Richtung lenkt

Sprichst mir Mut - sagst *"Los, sei dir mal der nächste"*

Gibst mir Kraft - bist oft das letzte Licht was bleibt

Das ewige Licht ist ewig da - das ist was nichts vertreibt

Eine Energiequelle - die mich unerschöpflich antreibt

Lehrst mich, raushalten - bei dem ungemütlichen Wettstreit

Danket dem Herrn - denn er ist immer da für uns

Danket dem Herrn - Er gibt Hinweise was richtig ist

Danket dem Herrn - er verzeiht und kann heilen

Danket dem Herrn - denn er liebt uns wie wir sind

Durch Dich erfahre ich - Verbundenheit mit allem

Energieaustausch - zwischen allem was lebt

Grinsen - bei allen die das verstehen

Erkenn die Illusion - der du bist verfallen

Öffnest mir Tore - unerschöpflicher Liebe, zu deinen Schöpfungen

Erkenne am Rand meines Weges - unzählige Öffnungen

Geh Vertrauensvoll Neue Wege - Deine Hand wacht über mir

Leite mich zu Deiner Quelle - Sei die Höhere Macht über mir

Danket dem Herrn - denn er ist immer da für uns

Danket dem Herrn - Er gibt Hinweise was richtig ist

Danket dem Herrn - er verzeiht und kann heilen

Danket dem Herrn - denn er liebt uns wie wir sind

Zeigst mir die Hölle existiert hier auf Erden

Ebenso Dein Himmelreich - Garten Eden lädt zum Verweilen

Die Richtung meiner Gedanken wählt - helfe mir zu unterscheiden

Halt sie rein und klar - will keinen andren Göttern mehr bekehren

Bei Dir finde ich Frieden in mir - den ich solang suchte

Schaffst Glückseligkeit - durch Deine heiligen Besuche

Deiner Gegenwart bin ich gewahr - fühle mich geehrt

Dank Deiner Göttlichen Fügung - wurde ich belehrt

Danket dem Herrn - denn er ist immer da für uns

Danket dem Herrn - Er gibt Hinweise was richtig ist

Danket dem Herrn - er verzeiht und kann heilen

Danket dem Herrn - denn er liebt uns wie wir sind

Danket dem Herrn - er bietet Frieden dem der an ihn glaubt

Danket dem Herrn - er bietet Seelenheil den Guten

Danket dem Herrn - er bietet Erlösung allen Sündern

Danket dem Herrn - er erwartet nicht viel in Ewigkeit Armen

Isoliert – werden Kippen wie Gold gehandelt
Wir halten zusammen – teilen was da
Schreiben Menschlichkeit groß – lädt fast zum Verweilen
Doch Zeit verrinnt zäh – schnell beginnt Langweile

Denen es schlecht geht – deren Schicksal wahres Leid
Helfen wir raus – brauchen dafür kein Langenscheidt
Was nützt ein gerahmtes Diplom – wir schöpfen aus Erfahrung
Hört uns Insassen zu – Ihr könntet viel raus Erfahren

Psychose – Neurose
Pipamperon – Haldol
Neuroleptika – Drogen auf Rezept
Aufgezwungen - Dreck dann lieber ne Nase Pepp

Doch das wollen sie nicht – wir sind ja die Kranken
Für gesunde wird ein Krankenbild gefunden – Demoralisiert
Das Personal hat die Macht – Psychotricks bis es Eskaliert
Dann kommen Weißkittel mit Spritzen – man Medikamentiert

Kein Entkommen – viele rennen Kilometer auf den Fluren
Meist fehlt ein Paul – weder Koks noch Nutten
Germany Calling – wieviel Kalkbrenner sind da draußen
Hier läuft alles Menschlich ab – wieso fehlt sie da draußen

Psychose – Neurose

Pumpen mich voll – Haldol

Neuroleptika – Drogen auf Rezept

Fuck Off – geb lieber ne Nase Pepp

Bei Visite verteilen Sie Diagnosen – einfach im Minutentakt

Massenabfertigung a la Mc Doof – Staatlich gefördert

Nach 5 Minuten steht Ihr Urteil – ohne Wenn und Aber

Zum Abschied gibt's einen Netten Brief – schwere Bürde

Diazepam – deshalb leb ich den Wahn

Kämpf ums Leben – Opfer sogar meinen Schneidezahn

Denke ich hätte keine Ahnung – Laber nur Bullshit

Weiss das keine Funny Story – dafür aber Real Life Shit

Psychose – Neurose

Pumpen mich voll – Haldol

Neuroleptika – Drogen auf Rezept

Fuck Off – geb lieber ne Nase Pepp

DENKEN LENKEN

Erwisch mich mal wieder beim Lenken der Gedanken

Mach es jetzt einfach und ändere einfach die beschränkenden Schranken

Die Welt wird auf den Kopf gestellt los wir entwerten all unser Geld

Alles und nichts es ist eine Wunderwelt

Eine neue Kristall Nacht heute Nacht gebe acht

Wir haben es zu zweit gemacht Manifestationskraft Götter

Am Ende war es ein Klacks – transformieren leicht gemacht

Eine neue Welt von allen erdacht mit Bedacht

Denken lenken will gelernt sein

Du wirst vor Freude enthemmt schreien

Verlern das gehemmt sein

Alles wahr - Gottes Wille

Der Moment des Erkennens

Musst dich nur dir selbst bekennen

Plötzlich alles anders man kann es nicht benennen

Ab jetzt straight zu dir ab nun nie mehr entfremden

Was oh nein - NWO oder was???

Klaro, aber anders als du jetzt denkst

Der pass kam steil doch direkt an meinen Fuß gelenkt

Jetzt geht's ab und Tor du spaßt

Denken lenken will gelernt sein

Du wirst vor Freude enthemmt schreien

Verlern das gehemmt sein

Alles wahr - Gottes Wille

Nie gewollt Doch jetzt bekommen wir die Macht

Lieber eine reale Bücher Schlange als irgendeine eine Diva – Biatch

Statt kippen kommt bei mir in eine kippe, bald nur feinstes Shiva

Kommt besser als dein fuckin Bier da

Ob hier ob da wir sind nicht die Verlierer

Sind Genies das wahr machen dein Gehirn klar

Macht für den der sie nicht will her mit dem Rasierer

Glatzenstyle fuck off Rassismus Es ist alles demaskier bar

Denken lenken will gelernt sein

Du wirst vor Freude enthemmt schreien

Verlern das gehemmt sein

Alles wahr - Gottes Wille

PAKT MIT GOTT

Alles wird besser und besser
Spring von Teufels Messer
Werde geführt ins Licht
Schließe einen Pakt mit Gott

Was bleibt, wenn nichts geblieben
Kleingemacht nach ihrem belieben
Getrieben an den Abgrund des Seins
Gefallen ist die Maske des Scheins

Man verliert an was man glaubte
Das nichts in das man schaute
Lässt durchblicken die Illusion
Wird Ersetzt durch eine Vision

Alles wird besser und besser
Spring von Teufels Messer
Werde geführt ins Licht
Schließe einen Pakt mit Gott

Das Weltbild komplett zerfetzt
Ein neues besseres gesetzt
Was Wahr, wird transformiert
Alles wird neu formatiert

Glaubensmuster erkannt als Lüge

Leere bei dem was einst genügte

Real ist was man einst belächelt

Wirst von normalen jetzt geächtet

Alles wird besser und besser

Spring von Teufels Messer

Werde geführt ins Licht

Schließe einen Pakt mit Gott

Die Realität komplett verrückt

Durch Erfahrungen ganz beglückt

Dunkelheit erfüllt von Licht

Klärt sich komplett die Sicht

Ist die Illusion erst in Trümmern

Egal was einen einst gekümmert

Meldet sich das innere zu Wort

Ein Leben lang aufs falsche gehört

Alles wird besser und besser

Spring von Teufels Messer

Werde geführt ins Licht

Schließe einen Pakt mit Gott

Glaub deinem Inneren Stimmen
Ego denkt es kann nicht stimmen
Dein Glaube baut nun auf Gott
Halt dich nur nicht für bekloppt

Siehst jetzt erst die Wirklichkeit
Las los die ganzen Nichtigkeiten
Glaub dir es ist die Wahrheit
Erreiche so komplette Klarheit

Alles wird besser und besser
Spring von Teufels Messer
Werde geführt ins Licht
Schließe einen Pakt mit Gott

So, Ihr Lieben, das war's –
vorerst!?!

Time will Tell

We'll see in FUTURE

Schlusswort

Für jene unter Euch die ich nicht verschreckt habe und die Gefallen an dem ein oder anderen Text gefunden haben oder sich Gedanklich gespiegelt sehen, sei gesagt:

Die Texte gibt es auch mit musikalischer Untermalung in Rap Form.

Einfach mal auf

https://www.cosmo-jim.de

gehen und reinhören.

Wenn ich auch Flow-technisch noch am Anfang stehe, es geht stetig aufwärts und Übung macht den Meister

AWAKE!

The Future is now

Life in flow

Live now!

--->

Let´s change the World!!!

Dank an alle meine „*Rechten-Echten*" Hörer 😉

Mit Rechten ist nicht die Gesinnung gemeint 😉

Always – Be YOURSELF 😉

Have a nice day, folks 😊